防御性驾驶全攻略

FANGYUXING JIASHI
QUANGONGLÜE

裴保纯　主编
赵玉峰　刘红英　副主编

化学工业出版社
·北京·

本书从防御性驾驶谋略和防御性驾驶技能两个方面系统地介绍了防御性驾驶技术。书中的大量彩色插图，再现了各种各样的道路场景，直观地描述了破解各种交通险情的思路和方法。通过对本书的阅读和应用，可以提高读者对各种路况的应变能力，从而做到不主动造成交通事故，也不被动卷入交通事故。

本书适合不同驾龄的汽车驾驶员阅读，也可供汽车驾驶培训学校教学使用。

图书在版编目（CIP）数据

防御性驾驶全攻略/裴保纯主编．—北京：化学工业出版社，2019.3（2025.2重印）
ISBN 978-7-122-33762-7

Ⅰ.①防⋯ Ⅱ.①裴⋯ Ⅲ.①汽车驾驶 Ⅳ.①U471.1

中国版本图书馆CIP数据核字（2019）第011951号

责任编辑：辛　田　　　　　　　文字编辑：冯国庆
责任校对：宋　玮　　　　　　　装帧设计：尹琳琳

出版发行：化学工业出版社（北京市东城区青年湖南街13号　邮政编码100011）
印　　装：中煤（北京）印务有限公司
710mm×1000mm　1/16　印张12¼　字数200千字　2025年2月北京第1版第9次印刷

购书咨询：010-64518888　　　　　　售后服务：010-64518899
网　　址：http://www.cip.com.cn
凡购买本书，如有缺损质量问题，本社销售中心负责调换。

定　　价：58.00元　　　　　　　　　　　　　　版权所有　违者必究

前言 PREFACE

在我国，汽车已经成为许多人日常出行的交通工具。驾驶汽车在道路上奔波，人们的基本诉求就是安全、迅速、连续、经济。安全，就是不发生交通事故；迅速，就是在路途上花费的时间要短；连续，就是在中途不要堵车；经济，就是支付的维修费和燃油费要尽可能少。以上这些诉求，最重要的就是安全。

自从汽车问世以来，与汽车相关的安全问题就一直在困扰着人们。为了实现安全驾驶，人们在努力探索科学的理念和正确的驾驶方法。防御性驾驶就是以实现安全出行为目的的汽车驾驶谋略和技能。谋略，是指开车要用眼观察，用脑判断和决策；技能，是指开车要用手和脚来准确操作。本书分为两篇，第一章和第二章为防御性驾驶谋略篇，第三章至第六章为防御性驾驶技能篇。通过对本书的阅读和应用，可以让读者增强安全防事故的观念，提高对各种道路交通情况的应变能力，系统掌握正确的驾驶方法，从而做到不主动造成交通事故，也不被动卷入交通事故。

本书针对我国的实际道路交通情况，参阅了国内外的相关资料，结合笔者多年的汽车驾驶经验，经过长期积累编写而成。书中大量的彩色插图，再现了各种各样的道路场景，准确直观地描述了破解各种交通险情的思路和方法。本书适合不同驾龄的汽车驾驶员阅读，也可供汽车驾驶培训学校教学使用。

本书由裴保纯任主编，赵玉峰、刘红英任副主编，第一章由裴保纯编写，第二章由王秋红、裴晨思编写，第三、第四章由赵玉峰编写，第五、第六章由刘红英编写。赵玉峰负责本书相关外文资料的收集和整理。在本书的编写过程中参阅了相关的文献资料，在此谨向原著作者表示诚挚的谢意！

由于笔者水平有限，书中不足之处在所难免，希望广大读者批评指正。

编　者

目录 CONTENTS

第一篇　防御性驾驶谋略篇

第一章　防御性驾驶概述　002

第一节　防御性驾驶的产生及概念　002
一、防御性驾驶的产生及在我国的推广　002
二、防御性驾驶的概念　003
三、防御性驾驶的主要内容　003

第二节　防御性驾驶的基本原则　005
一、放眼远方　005
二、顾全大局　007
三、环回视野　010
四、留有余地　014
五、引人注意　016

第二章　防御性驾驶人素质培养　019

第一节　防御性驾驶谋略　019
一、预估风险　019
二、4秒跟车间距　021

三、不要被"路怒"情绪伤害　　027
　　四、先分隔后化解　　029
　　五、认知车辆视线盲区　　032
　　六、把握车辆通过性　　034
　　七、防范"鬼探头"　　043
　　八、轿车座位安全排行榜　　044

第二节 ● 防御性驾驶的日常养成　　047
　　一、正确使用安全带　　047
　　二、全神贯注与轻重缓急　　048
　　三、处事灵活机动　　049
　　四、停车位置不要距停止线过远　　052
　　五、在车道中间行驶　　053
　　六、变更车道要看后视镜　　055
　　七、加油要养成好习惯　　057
　　八、引人注意的转向灯　　059
　　九、让车灯成为夜行的"眼睛"　　062

第二篇　防御性驾驶技能篇

第三章　城市道路及高速公路防御性驾驶　　070

第一节 ● 城市道路防御性驾驶　　070
　　一、近距离跟车防追尾　　070

二、车辆掉头禁忌　　　　　　　　　　　　071
三、低速进出地下停车场　　　　　　　　074
四、超车禁忌　　　　　　　　　　　　　075
五、防御性策略在让超中的运用　　　　　079
六、敬畏公交车和校车　　　　　　　　　082
七、通过有信号灯的交叉路口　　　　　　085
八、通过无信号灯的交叉路口　　　　　　088
九、不要犯违停错误　　　　　　　　　　094

第二节 ● 高速公路防御性驾驶　　　　　　　097
一、法定的新手防御性驾驶　　　　　　　097
二、驶入高速公路　　　　　　　　　　　098
三、高速公路的跟车距离　　　　　　　　099
四、车道与车速　　　　　　　　　　　　100
五、高速公路的安全车速　　　　　　　　102
六、不可随意进入应急车道　　　　　　　103
七、驶离高速公路　　　　　　　　　　　104
八、高速公路安全事项　　　　　　　　　105

第四章　不同季节及不良气候防御性驾驶　　108

第一节 ● 不同季节防御性驾驶　　　　　　　108
一、冬季防御性驾驶　　　　　　　　　　108
二、夏季防御性驾驶　　　　　　　　　　113
三、春秋季节防御性驾驶　　　　　　　　115

第二节 ● 不良气候防御性驾驶　　　　　　　115
一、雨天防御性驾驶　　　　　　　　　　115

二、汽车涉水防御性驾驶　　　　　　　　　　117
三、雾天防御性驾驶　　　　　　　　　　　　120
四、狂风及扬尘天气防御性驾驶　　　　　　　122

第五章　特殊情况及特殊地点防御性驾驶　　125

第一节 ● 特殊情况防御性驾驶　　125
一、幼儿乘车关爱有方　　　　　　　　　　　125
二、低速进出居民区　　　　　　　　　　　　127
三、洞悉行人及非机动车　　　　　　　　　　128
四、依次交替通行　　　　　　　　　　　　　134
五、通过有标线的辅路与主路　　　　　　　　135
六、通过无标线的辅路与主路　　　　　　　　136
七、靠边停车留有余地　　　　　　　　　　　137
八、牵引车与被牵引车　　　　　　　　　　　140

第二节 ● 特殊地点防御性驾驶　　144
一、左转车特殊通行路线　　　　　　　　　　144
二、通过左弯待转区　　　　　　　　　　　　146
三、通过右弯待转区　　　　　　　　　　　　148
四、通过直行待行区　　　　　　　　　　　　150
五、通过潮汐车道　　　　　　　　　　　　　154
六、通过可变导向车道　　　　　　　　　　　157
七、铁路道口提前减速　　　　　　　　　　　159
八、隧道中的明暗适应　　　　　　　　　　　162
九、山区道路注意让行　　　　　　　　　　　164

第六章　紧急情况下的防御性驾驶　　169

第一节 ● 突发险情的防御性驾驶　　169
一、避开险情的策略　　169
二、汽车火灾的扑救　　169
三、爆胎不可急刹车　　171
四、汽车落水的逃生　　174
五、行驶中突发地震　　176
六、路遇"碰瓷"的周旋　　177
七、行车途中防盗抢　　179
八、女士驾车防盗抢　　180

第二节 ● 操作失灵的防御性驾驶　　181
一、制动突然失灵　　181
二、转向突然失控　　182
三、车灯突然熄灭　　183
四、车辆将要侧翻　　183
五、躲避碰撞讲谋略　　184

参考文献　　187

Chapter 01

第一篇
防御性驾驶谋略篇

第一章 防御性驾驶概述

第一节 • 防御性驾驶的产生及概念

一、防御性驾驶的产生及在我国的推广

1.防御性驾驶的产生

在20世纪40年代美国出现了防御性驾驶理念。1952年美国人哈罗德·史密斯（Harold Smith）根据防御性驾驶理念，创办了全美首个防御性驾驶人培训机构，开设了防御性驾驶培训课程。此后，数以百万计的汽车驾驶人在防御性驾驶培训中受益，交通安全状况明显好转，总的交通事故率下降40%左右，有些经过防御性驾驶培训的公司，交通事故率甚至下降了70%以上。哈罗德·史密斯的防御性汽车驾驶培训获得了成功，因而被许多国家关注，防御性驾驶培训课程被翻译成20多种语言，在全球近60个国家推广应用。

2.防御性驾驶在我国的推广

在我国，防御性驾驶的理论研究和实际运用已经有多年的历史。1997年我国的有关专业期刊出现了防御性驾驶的文章，2010年出现了有关防御性驾驶的专业书籍。

2011年9月5日交通部发布了《中华人民共和国道路客货运输驾驶员继续教育大纲》，明确规定了要在道路客货运输驾驶员中进行"防御性驾驶方法及不安全驾驶习惯纠正"的培训教育，并且把防御性驾驶的通用规则及防御性驾驶方法列入教学内容。这标志着我国首次将防御性驾驶技术列入职业驾驶员再教育的必修项目。

2012年5月9日福建省交警总队按照《中华人民共和国道路交通安全法》的相关要求，决定在汽车驾驶证的科目一考试（道路交通安全法及驾驶安全理论知识考试）、科目三考试（道路驾驶技能考试）中增加防御性驾驶技术考试内容，该规定于2012年9月1日起正式实施。具体的考试内容，科目一新增了40道单选题、20道判断题；科目三增加了10项防御性驾驶技术考试评判标准。这标志着防御性驾驶理论和技能首次纳入我国部分地区的汽车驾驶证考试之中。

2014年7月4日交通运输部办公厅、教育部办公厅、公安部办公厅、人力资源社会保障部办公厅联合发布了《关于开展大客车驾驶人职业教育试点工作的通知》，要求将大客车驾驶人培养纳入国家职业教育体系，决定在江苏、安徽、云南三省各选取1～2所具备资质的职业技术学院、高级技工学校，开展大客车驾驶人职业教育试点工作。培养学习期间，试点院校应安排防御性驾驶体系教学和考核。

在江苏、安徽、云南三省开展的大客车驾驶人职业教育试点工作取得成功的基础上，2017年1月3日交通运输部办公厅、公安部办公厅发布了《关于开展大型客货车驾驶人职业教育的通知》，决定在全国范围内将大型客货车驾驶人培养纳入职业教育体系，学制不少于3年，在第1年进行专业基础课教学时，就应该注重防御性驾驶知识的教学和素质培养。

近年来，公安部道路交通安全研究中心开展了防御性驾驶理论与实践方面的研究，针对防御性驾驶，从人体生理和心理层面，探讨了防御性驾驶的危险感知方法，以及与防御性驾驶相关的决策反应技巧，以便为提高我国机动车驾驶人的安全驾驶素质提供理论依据和技术指导。

目前，我国的防御性驾驶学习训练，不仅是职业驾驶人的必修课，而且也越来越多地引起了私家车驾驶人的重视。尤其是泉州高速交警拍摄的"防御性驾驶技术"视频教学片在网络的广泛传播，防御性驾驶技术已经被许多人所知晓。人们需要通过学习来了解和掌握防御性驾驶技术，补上防御性驾驶这一课。这样一来，我们的驾驶技术便会迈上一个台阶，行车安全便会更有保障。

二、防御性驾驶的概念

防御性驾驶是指车辆驾驶人要具有对干扰自身行车安全的各种外界因素的预测能力，并根据预测及时采取措施化解行车风险的驾驶技术。

干扰自身行车安全的各种外界因素，包括道路上过往的其他车辆和行人、道路状况、气象条件等情况。防御性驾驶强调预测准确和措施得当两个环节。

三、防御性驾驶的主要内容

防御性驾驶的主要内容包括一个目的、两个目标和五项原则。

1. 一个目的

掌握防御性驾驶技术的根本目的，就是时时、处处预防交通事故，确保不发生交通事故。

驾驶车辆在道路上行驶，最担心的就是发生交通事故。汽车的重量大、运行速度快，道路上的交通流量大，有些路段还缺少交通隔离设施，存在着机动车、非机动车、行人混合通行的状况，稍有疏忽，随时都有发生交通事故的可能。

驾驶汽车，如果发生车与车相撞的交通事故，少则损失上百元，多则可达数万元；如果发生车与行人相撞的交通事故，即使行人受轻伤也少不了数百元的赔偿，如果行人伤势严重或致残，经济损失更是难以估量。尤其是车毁人亡的交通事故，后果更是不堪设想。

预防交通事故，不仅要在思想上高度重视，而且还要掌握预防交通事故的策略，要根据不同道路以及不同气候的交通特点来处理道路交通情况，要提高处置特殊情况和突发险情的应变能力。总之，预防交通事故也是有技巧的，同样的紧急情况，处置得当就能化险为夷；处置不当，就难免发生交通事故。防御性驾驶实质上就是预防交通事故的一项驾驶技术。

2.两个目标

人类进入汽车时代之后，车祸、噪声、环境污染伴随而来，尤其是车辆给道路使用者带来的伤亡，被人们称为"交通战争"。既然是战争，就存在进攻和防御的问题。

防御性驾驶要实现的第一个目标是不主动造成交通事故，这是从自身防御的角度来讲的。我们在驾驶车辆时，通过对道路交通情况的观察和预判，适时控制车速，选择合适的行车路线，确保不主动与道路上的车辆、行人以及各种障碍物发生接触，从而避免因我方原因造成的交通事故。

主动造成的交通事故，往往与我方对交通情况的观察不到位、判断失误、采取措施不当有直接关系，交通事故的发生与我方的主观过错或过失是分不开的。驾驶车辆在道路上行驶，我们无法左右别人，我们要管好自己。因此，不主动发生交通事故，是防御性驾驶人要努力追求的首要目标。

防御性驾驶要实现的第二个目标是不被动卷入交通事故，这是从他方的攻击性来讲的。他方的攻击性可以分为三种情况：第一种情况是道路上的车辆驾驶人或行人因疏忽大意或观察判断失误，向我方车辆逼近，因而发生与我方车辆的冲撞；第二种情况是不幸遇到了那些超速行驶、强行超车、疲劳驾驶、变道转弯不开转向灯或猛打方向改变行驶路线、紧急刹车的危险驾驶人，这些不按照常规行驶的车辆，突然向我方车辆逼近，因而发生与我方车辆的冲撞；第三种情况是不幸遇到酒驾、毒驾、"路怒"驾驶人，或者是不幸遇到专门"碰瓷"的车辆或行人，这些车辆驾驶人或行人心怀歹意，突然向我方车辆逼近，因而发生与我方车辆的冲撞。在"我不撞别人，别人撞我"的状态下，让我方被动卷入了交通事故。

被动卷入的交通事故，往往有一定的偶然性，往往是对方的无礼或违规行为导致的，对方是施害者，我方属于受害者，对方应该承担交通事故的责任。尽管如此，我们也是不希望成为交通事故当事人的。因为，一旦卷入交通事故，总是要给人带来无奈、忧愁和烦恼的。所以，不被动卷入交通事故，是防御性驾驶人要努力追求的第二个目标。

3. 五项原则

防御性驾驶人要达到避免交通事故的目的，要实现不主动造成交通事故、不被动卷入交通事故的两个目标，就必须要遵循放眼远方、顾全大局、环回视野、留有余地、引人注意这五项基本原则。

第二节 • 防御性驾驶的基本原则

一、放眼远方

防御性驾驶对驾驶人观察前方路面视距有明确的要求，要把目光投向15秒之后汽车将要到达的地点之外，就是说视距要大于车辆行驶15秒的距离。

只有放眼远方，才能大范围地观察道路交通情况，为研判信息、制定预案、采取避险措施预留时间。

把目光投向15秒之后汽车将要到达的地点之外，简称放眼远方的15秒法则。为什么视距要大于车辆行驶15秒的距离呢？

车辆行驶中，驾驶人将车前的各种交通信息尽收眼底，这些信息被传输到大脑，经过大脑的筛选和整理分析，随即制定安全对策，这个"感知—分析—决策"的过程，需要6~8秒的时间。

大脑向肢体发出指令，手、脚协调配合，准确执行大脑下达的指令，再通过车辆的相关系统或装置，如转向系统、制动系统、燃油供给装置等，完成驾驶人的操作指令，这个过程需要5~7秒的时间。

如图1-1所示，以上两个过程均取上限，8秒+7秒=15秒，于是就构成了15秒法则。

在15秒法则中，是用时间来表示距离的，这个距离的长短由车辆当时的速度决定，见表1-1。

防御性驾驶全攻略

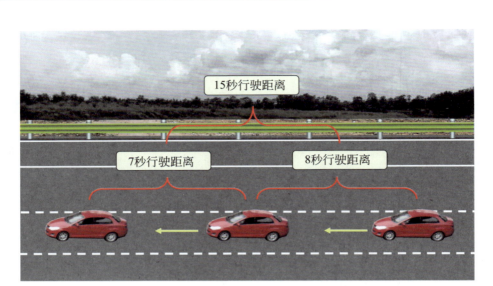

图1-1　目光投向远方

表1-1　车辆15秒的行驶距离

时速/千米	秒速/米	15秒行驶距离/米	距离与时速之比
5	1.39	20.8	4.17
10	2.78	41.7	4.17
20	5.56	83.3	4.17
30	8.33	124.9	4.17
40	11.11	166.7	4.17
50	13.89	208.3	4.17
60	16.67	249.9	4.17
70	19.44	291.7	4.17
80	22.22	333.3	4.17
90	25.0	375.0	4.17
100	27.78	416.7	4.17
110	30.56	458.3	4.17
120	33.33	499.9	4.17

显然，车速不同，15秒的时间车辆行驶的距离就不同，这就造成15秒法则不便操作。然而，进一步观察，我们发现，在各种不同的车速下，15秒的

行驶距离与当时的时速之比是个常数（4.17），即

$$\frac{15秒的行驶距离}{时速} = 4.17 \approx 4$$

15秒的行驶距离≈4倍时速

有了这种数量关系，15秒法则就便于操作了。例如，当车速为每小时30千米时，驾驶人的目光应该投向4×30 = 120（米）之外；当车速为每小时60千米时，驾驶人的目光应该投向4×60 = 240（米）之外，见表1-2。

表1-2 放眼远方的视距

时速/千米	视距/米	时速/千米	视距/米
5	20	60	240
10	40	70	280
20	80	80	320
30	120	90	360
40	160	100	400
50	200	110	440

放眼远方是防御性驾驶的一项基本原则，也是安全预防事故的基本要求。但是，对于新手来讲，并非人人都能够做到。长期的步行铸就了人的生理视距，步行的速度大约为每小时5千米，与此相对应的视距为20米，人们在行走时总是习惯性地把视距限制在20米左右的范围，这种习惯对于驾驶高速行驶的汽车是极为不利的。因此，由行人转变为汽车驾驶人的过程中，需要经过一定的训练和习惯养成，才能让他们的视距随着车速的提高而延长。

二、顾全大局

放眼远方只是讨论了车辆行驶中，驾驶人要注意观察道路前方的情况，仅仅做到这一点，是远远不够的，还要注意对车辆后方、车辆左方、车辆右方、车辆上方、车辆下方的观察，这就是顾全大局要讨论的问题。

道路交通由人、车、路、交通环境等诸多因素构成。道路交通的实质是人和车辆在道路上进行空间位置的移动过程。在这个移动过程中，各种因素之间并非是孤立的。

如图1-2所示，母子俩急着赶路，召唤马路对面的出租车，并且不顾一切地横穿马路。一辆电动车为了躲避母子俩向左猛拐，阻挡了红色轿车的去路。

防御性驾驶全攻略

红色轿车驾驶人立刻紧急制动,尾随其后的大客车驾驶人也只好被迫紧急制动。大客车后边的黄色轿车驾驶人还没反应过来,就已经与前边的大客车追尾了,这真是"牵一发而动全身"。

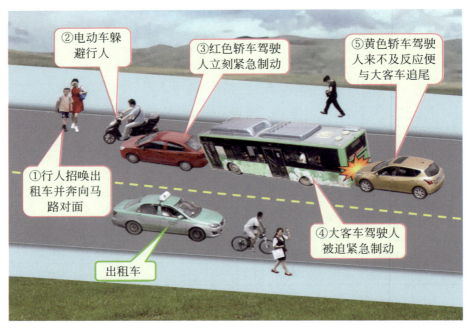

图1-2　人与车相互作用

这个事例说明,道路上的机动车与机动车之间、机动车与非机动车之间、机动车与行人之间是相互作用、相互影响的。在道路交通这个复合的动态系统中,一个小小的举动,就有可能引起连锁反应。这种连锁反应,可能在瞬间就把其中的车或人卷入危险的漩涡。

高速行驶的汽车,身躯庞大,貌似是交通参与者中的强者,但实际上危机四伏,各种潜在的风险,随时都有可能把驾驶人带到交通事故之中。

道路上机动车、非机动车、行人的同类和异类之间的相互作用,演绎了繁华的交通场景。道路是载体,是舞台,人和车在这个舞台上扮演着不同的角色,角色要适应舞台,角色之间要和谐相处。

不仅如此,还有一个重要的因素制约着道路交通,这就是交通环境。交通环境是指作用于道路交通参与者的所有外界影响,包括道路状况(路面铺装材料、道路线形、路面宽度、路面平整度等)、交通设施(交通隔离设施、交通标志、交通标线、交通信号灯等)、地物地貌(影响视线盲区的突起物等)、气象条件(雨、雪、雾、狂风等)以及其他交通参与者的活动等。

道路交通是复合的动态系统,人、车、路、交通环境之间,相互依存,相互制约。防御性驾驶要求驾驶人在开车时要顾全大局,就是要有大局意识,不仅要想到自己的安全便捷,还要顾及到与自己行驶路线相关联的人、车、物的安全。

兵法云:"知己知彼,百战不殆",意思是说,如果对敌我双方的情况都了如指掌,打起仗来才会立于不败之地。又云:"不知彼而知己,一胜一负;不知彼,不知己,每战必殆"(语出《孙子·谋攻篇》)。可见,战场上掌握敌我双方的情况才能把握大局,才能克敌制胜。同理,车辆行驶中,驾驶人不仅要感知自己车辆四个车轮的位置,还要观察自己前方的机动车、后方的机动车、左侧的机动车、右侧的机动车,观察道路上行人和非机动车的动态及分布情况,观察道路上的交通标志、交通标线、交通信号灯,如图1-3所示。

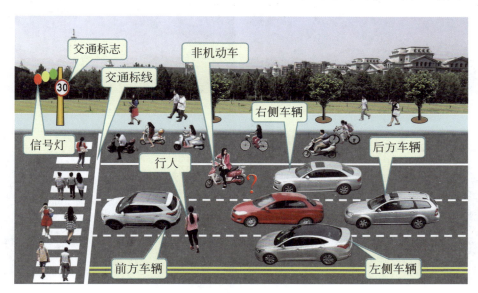

图1-3 顾全大局

顾全大局,就是要在时间上严格把控与以上各种交通元素的空间位置关系,避免与以上各种交通元素在时间和空间上发生冲突。

防御性驾驶不仅要求驾驶人必须在360度平面范围的二维空间顾全大局,还要求在三维空间全方位顾全大局。例如,对道路的坡度、弯度、平整度、宽度、净空高度、承载能力等信息的感知,如图1-4所示。方方面面都观察到了,兼顾到了,才算得上是顾全大局。

(a)道路坡度　　　　　　　　　　（b)道路弯度

(c)道路平整度　　　　　　　　　（d)道路宽度

(e)道路净空高度　　　　　　　　（f)道路承载能力

图1-4　感知路况

三、环回视野

　　顾全大局强调要全方位观察车辆周围的交通情况，怎样才能做到全方位观察车辆周围的交通情况呢？这就是环回视野要讨论的问题。

　　环回视野原则也称洞悉四周原则，防御性驾驶要求汽车驾驶人在车辆行驶中，要不间断地、周而复始地搜索车辆周围的交通情况。环回视野的目标应该是车辆的前方、后方、上方、下方、左方、右方，也就是驾驶人要做到眼观六路。

一是观察前方，如图1-5所示，驾驶人的目光透过前挡风玻璃将视线投向汽车前方的道路，观察前方车辆、行人的动态，注意保持与前方车辆、行人的安全距离，以免发生碰撞事故；观察前方的交通标志、交通标线、交通信号灯，以免在车辆行驶中违反了交通信号的规定。观看前方的视距应该符合15秒法则的要求。

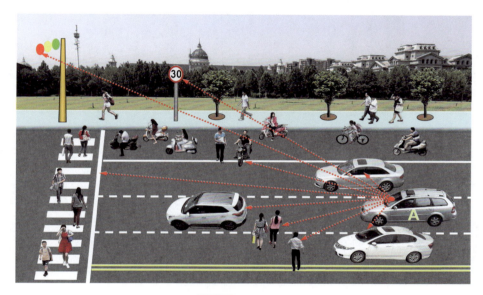

图1-5 观察前方

二是观察后方，如图1-6所示，车辆行驶中，驾驶人可以利用车内的后视镜，透过后挡风玻璃来观察车辆后方的交通情况，重点要关注后方是否有尾随的车辆，尾随的车辆是否距我方车辆过近，是否构成对我方车辆的威胁。

图1-6 观察后方

三是观察上方，如图1-7所示，要观察道路的净空高度，在车辆靠近设置有限制高度标志的卡口时，要考虑自己驾驶的车辆是否会超高。有时道路上方架设的管线下坠，会将道路的净空高度压低，假如在视线不良的条件下遇到这种情况，更要当心。

图1-7　观察上方

四是观察下方，如图1-8所示，地下停车场的入口处安装有减速丘，还有坡道，在车辆到达地下停车场的入口处时，一定要事先把车速降下来，以避免因地面冲撞导致的车辆损坏，以避免因地面冲撞导致的转向失控。观看下方，包括观察路面是否平整，是否有损毁、塌陷、隆起，是否有沟或坑，是否有积水，是否有破碎的玻璃、渣土，是否有洒（撒）落的油脂、泥浆、沙石等。

图1-8　观察下方

五是观察左方，如图1-9所示，透过左侧车窗观察车辆左侧的交通情况，利用左侧后视镜观察左后方的交通情况。在超车、被超车、向左转弯、向左变更车道、公路掉头、驶离停车地点时，特别要注意及时观察车辆左侧和左后方的交通情况。

六是观察右方，如图1-10所示，透过右侧车窗观察车辆右侧的交通情况，利用右侧后视镜观察右后方的交通情况。在向右转弯、向右变更车道、靠边停车时，行驶在人车混行的路段时，一定要注意观察车辆右侧和右后方的交通情况。

图1-9 观察左方

图1-10 观察右方

以上六个方向的观察，被称为环回视野原则的"眼观六路法"。驾校的学员在刚开始进行道路驾驶训练时，会出现目不转睛的现象，一些新手也会不同程度地存在这种现象。要经过训练和一定时间的养成才能具有眼观六路的能力。

环回视野，实际上就是要求驾驶人应该具有眼观六路的能力。要做到眼观六路，必须注意两个问题：一是环回视野的顺序；二是环回视野的频率。

如图1-11所示，在观察车辆周围的交通情况时，可以按照"前方-后方-上方-下方-左方-右方-前方"的顺序，循环往复地扫视不同方向，每进行一次这样的过程，需要5～8秒的时间，就这样周而复始地进行下去。

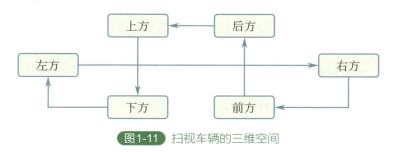
图1-11 扫视车辆的三维空间

在环回视野的过程中，目光虽然在转移，但是，车辆前方的道路始终在驾驶人的视野范围之内，驾驶人始终没有停止对车辆前方交通情况的观察。

防御性驾驶人的目光是灵活的，而不是凝视或目不转睛。正常情况下，防御性驾驶人的目光对某一目标的注视，不应超过2秒。2秒看似一刹那，然而车辆是在运动的，当车速为每小时60千米时，2秒的时间汽车就已经移动33.34米了，车辆周围的交通情况有可能已经发生了很大的变化。

特殊情况下，有些驾驶人有可能会违反环回视野关于对某一目标注视时间不超过2秒的规定。在驾驶人走神的时候，这种情况就会不由自主地发生，可怕的交通事故可能会接踵而来。

四、留有余地

留有余地是比喻说话、办事要留下可以回旋的余地，话不要说得过满，事不要做得过头。遇事要冷静，有理也要适可而止。要给自己、给别人留下退路。要懂得，方便别人也是为了方便自己的道理。

从防御性驾驶的角度来看，留有余地就是要给自己的车辆周围留出安全空间、要给自己的车辆留下逃生路线、要宽容别人开车时的不当行为。

给自己的车辆周围留出安全空间，包括前、后、左、右四个方向，要预留安全空间。

给自己的车辆周围留出安全空间，最好的方法就是在车辆行驶中不要扎堆，尽可能地摆脱"车阵"，尤其是不要处于"车阵"的中心位置。然而，在许多路段，我们是很难做到这一点的。

如图1-12所示，在车辆行驶中，首先，要做到我方车辆不要跟随前车过

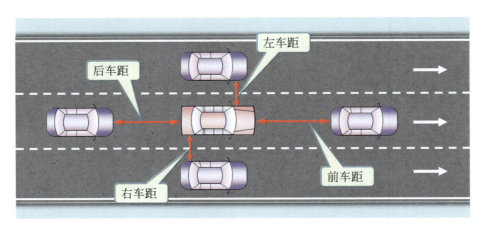

图1-12　十字形"车阵"

近，确保前车紧急制动时，我方车辆不会与前车追尾相撞，这样才能避免我方主动造成交通事故。其次，不要让后方车辆与我方车辆相距过近，如果发现后方车辆逼近我方车辆，我方可以适当加速，与后方车辆拉大车距，摆脱险境，以避免我方被动卷入交通事故；假如当时的车速已经比较快，遇到后方车辆紧追不舍，我方车辆应该主动减速，并靠右让行，这样就能够化险为夷。

在图1-12的十字形"车阵"中，横向的左车距、右车距为最小值。在这样的"车阵"中，我方车辆"四面受敌"，假如前车紧急制动，我方车辆避让不及，便会与前车追尾相撞。即便是我方车辆及时采取了紧急制动的避险措施，逃过了与前车追尾相撞的"劫难"，尾随我方车辆的后方车辆也往往难以避免与我方车辆追尾相撞。为了摆脱这种前后夹击的危险处境，我方车辆可以在危难时刻向左或者向右躲避。由于横向的左车距、右车距过小，没有足够的躲避空间，我方车辆如果强行实施躲避，就会造成侧向挤撞。

怎样才能获得足够的横向躲避空间呢？在固定宽度的车道行驶，就不能增加横向躲避的空间吗？

如图1-13所示，解决这个问题的最好方法就是不要与相邻的车辆并排行驶，这样当我们预感到前方或后方要突发险情时，就可以选择向左或向右的躲避路线了。

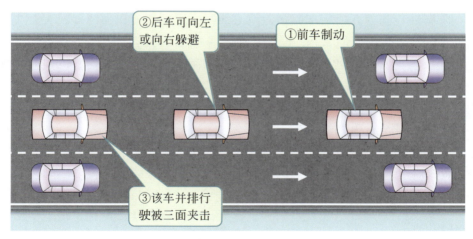

图1-13　不要并排行驶

以上是从战术层面上把握防御性驾驶的留有余地原则。从心理层面来把握防御性驾驶的留有余地原则也是很重要的。

有些交通事故的发生与驾驶人当时的不良心态有关，当事人不能控制自己的不良情绪，不能宽容对方不当的言行举止，开车时遇到不顺心的事，就头脑发热，在报复心理的支配下，不留余地，不计后果，因"路怒症"酿成交通事故。

从心理层面讲，防御性驾驶人应该遵循留有余地的原则，开车的路途中遇到不顺心的事情，甚至遇到那种寻衅滋事或动机不良的人，要有忍耐之心。尽管自己有理，对方无理，也不要与对方计较，不可让矛盾激化。道路上人来车往，没有必要与陌路人争高低、辩长短、论是非，能够安全顺利地抵达目的地才是我们的出行目的。

对于公交车驾驶人来讲，更应该牢记防御性驾驶留有余地的原则。公交车驾驶人面对各种各样的乘客，其中不乏不讲道理的人、容易冲动的人，公交车驾驶人的言行稍有不周就会引火烧身。遇到那些素质低下的乘客，公交车驾驶人要牢记留有余地的原则，要有耐心，要保持清醒的头脑，要用理智应对那种粗暴无理的乘客。在重庆万州公交车坠桥事故（见第六章）中，假如防御性驾驶观念能够在公交车驾驶人冉某的头脑中占上风，让他开车时把预防事故放在首位，假如冉某能够牢记防御性驾驶留有余地的原则，多一份理智，少一份冲动，公交车坠桥的悲惨事故应该是可以避免的。

五、引人注意

防御性驾驶的五项基本原则，前边的四项原则都是在强调驾驶人要注意其他车辆、行人的交通动态，仅仅做到这些还是不够的。在车辆行驶过程中，我们还应该让其他车辆、行人注意我们的动态，取得周围车辆、行人的理解及配合。

车辆行驶中，可以采用多种方法引起周围车辆、行人对我们的注意，最常用的方法是使用喇叭和灯光。

喇叭是汽车重要的安全装置，利用汽车喇叭的声响，可以引起周围车辆、行人对我们的注意，以便我们安全顺畅地通行道路。喇叭声可以起到排险的作用，当行人、非机动车闯入我们的车前时，一声喇叭就能促使行人、非机动车驾驶人主动避让，尤其是雨天、雾天行车，遇到紧急情况，别忘了使用喇叭。喇叭声可以起到避险的作用，如图1-14所示，当我们开车靠近拱形桥时，由于视距受限，我们无法观察对向是否有来车，我们应该按照交通标志的提示，及时鸣喇叭，以便引起对向来车的注意，提示对向来车靠右行驶，以确保安全会车。

如图1-15所示，车辆行驶在交通标志规定禁止鸣喇叭的路段，驾驶人不得鸣喇叭。

图1-14 鸣喇叭引起对向来车注意

图1-15 前方道路禁止鸣喇叭

近些年来，在一些城市的道路上安装了声呐电子警察，在50米的距离内，可以自动辨别市区道路鸣喇叭的声音信号，由摄像头同步抓拍车辆号牌，再传输到声源自动辨别系统，进行声源定位和图像识别，在确认的车辆照片上显示彩色圆形标记，如图1-16所示，并且在道路上方的电子屏幕上显示违法鸣喇叭车辆的号牌号码，如图1-17所示。有违法鸣喇叭行为的车辆驾驶人，将会受到记3分的处理，罚款100元的处罚。

图1-16 违法鸣喇叭车辆

图1-17 违法鸣喇叭信息

在交通标志规定禁止鸣喇叭的路段鸣喇叭，属于交通违法行为。在交通标志规定鸣喇叭的路段，驾驶人必须鸣喇叭，以便引起过往车辆、行人的注意。在交通标志规定鸣喇叭的路段没有鸣喇叭，不仅属于交通违法行为，同时也违背了防御性驾驶中引人注意的原则。

随着人们对交通环境意识的增强，市区道路大多禁止鸣喇叭，在这种情况下，我们可以使用汽车灯光来引人注意。

汽车上的许多灯光都具有引人注意的功能。

汽车行驶中，当我们踩下制动踏板时，汽车尾部的制动灯便会自动发光，

防御性驾驶全攻略

后边尾随的车辆驾驶人立刻就会高度警惕，并及时做出刹车响应。假如车辆的制动灯失效，踩下制动踏板时，制动灯不能发光，便不能引起尾随车辆驾驶人的注意，从而增加车辆追尾事故的概率，就会让我们被动地卷入交通事故。因此，我们应该注意检查车辆尾部的制动灯是否有效，如果发现制动灯有故障，要及时检修。

将汽车挂入倒挡，汽车尾部的倒车灯便会自动发光，有些汽车还会伴随着轰鸣器的音响，以便引起后方车辆和行人的注意。

汽车制动灯和倒车灯的引人注意功能是可以自动启动的，汽车其他灯光的引人注意功能大多是需要人工来启动的。例如，转向灯、危险报警闪光灯（俗称双闪灯）、雾灯、会车灯（远光灯和近光灯交替闪烁）、示位灯、驻车灯等，这些车灯必须要由车辆驾驶人操作才能启动引人注意的功能。

需要人工启动引人注意功能的这些灯光，我们一定要根据实际需要及时启动，以便引起其他过往车辆和行人的注意，向周围的车辆和行人显示我们的行驶动向或者驻车方位，提示周围的车辆和行人不要与我们驾驶的车辆相距太近，以免与我们的车辆发生接触。我们要正确使用这些灯光，让我们周围的车辆和行人注意我们，理解我们，配合我们，让道路交通这个复合的动态系统能够实现信息沟通，让我们在知己知彼的和谐氛围中实现共赢。

总之，放眼远方、顾全大局、环回视野、留有余地、引人注意是防御性驾驶的五项基本原则，是防御性驾驶人品质的体现，也应该是人们工作、生活和社会交往中值得推荐的准则。在人们的工作、生活和社会交往领域，放眼远方，就是考虑问题时要有长远打算；顾全大局，就是考虑问题不能脱离工作环境、家庭环境、社会环境；环回视野，就是考虑问题要周全一些；留有余地，就是对待同一问题要有多种预测；引人注意，就是要相互理解和互相帮助。防御性驾驶的五项基本原则不仅概括了安全驾驶车辆的哲理，也概括了人生的哲理。

第二章　防御性驾驶人素质培养

第一节 ● 防御性驾驶谋略

一、预估风险

一位出色的棋手在下棋时，每走一步棋，都要考虑到后续几步棋的布局。防御性驾驶人在实施一项驾驶操作之前，要对自己的行为动机进行预测评估，以减少车辆驾驶中的盲目性和随意性，这个过程就称为预估风险。

车轮一转三分险，只要车轮开始转动，随时都伴随着风险，要时刻想着风险，随时准备应对风险，及时化解风险，要有未雨绸缪的风险意识。

假如今天天气不好，在出门之前我们就应该想到不良天气对行车安全的影响，提前做好应对恶劣天气的思想准备。

当我们走近车辆，准备打开车门的时候，就应该想到如果车辆周围有障碍，或者轮胎缺气会带来安全隐患，那就应该在打开车门之前查看车辆周围是否有障碍物，察看汽车轮胎是否需要充气。

在车辆起步之前，我们应该想到如果车门关闭不到位，车辆行驶的振动颠簸，可能导致车门自动打开，所以在起步之前要检查车门是否关紧。

在我们准备靠向路边停车时，要考虑到右后方可能有驶来的电动车，如果突然靠右减速停车，可能会与后方的电动车发生碰撞事故。应该事先开启右转向灯，利用后视镜观察后方的交通情况，缓慢靠向路边停车。靠向路边停车之后，不可迅速打开车门，迅速打开车门有可能会与过往的车辆和行人发生碰撞事故。为了避免这种危险情况的发生，应该在车辆停稳之后，利用后视镜观察车辆后方和两侧是否有正在靠近的车辆和行人，确认没有过往的车辆和行人，才能打开车门。打开车门时不可过猛，先打开10厘米左右的门缝，通过门缝再次向后观察，确实没有来车，才可以进一步增加车门的开度，然后再从车内探身出来。

以上所述是国内流行的"两段式开门法"。我国和世界上其他一些国家还在推广另外一种开门法——"荷式开门法"。在美国的地方性交通法规中，还有要求驾驶人必须遵守"荷式开门法"的规定。什么是荷式开门法呢？

荷式开门法（Dutch Reach）的英文直译为"荷兰人下车方法"。荷式开门法在荷兰的普及已经有50多年的历史了。

20世纪50～60年代，荷兰进入了汽车数量急剧增加的时期。汽车的急剧增加，不仅使空气质量下降，交通事故增多，而且还导致自行车出行困难。面对70年代的石油危机，荷兰政府加强了自行车交通基础建设，鼓励人们骑自行车出行。此后，荷兰成为自行车使用密度最大的国家之一。在荷兰，人们遵循"自行车优先，汽车后行"的交通规则，荷式开门法就是这种规则的体现。

荷式开门法是一种防御性驾驶的开门方法。当汽车停稳之后，车内的驾乘人员打开车门之前，首先要想到车外是否有过往的骑车人。要用距离车门远的那只手去开启车门，在车的左侧就座，要用右手开车门；在车的右侧就座，要用左手开车门。用这样的方法开车门，虽然由于动作别扭而变得迟缓，但是，因为开车门的过程中要扭转头部和上身，就会让人们不由自主地利用后视镜和车窗来观察车外的交通情况，随着车门的缓慢打开，又会不由自主地透过门缝观察汽车后方是否有靠近的骑车人和行人，这样就会避免因开车门导致的交通事故。

预估风险的目的就是要提前化解影响车辆通行的各种不安全因素。如图2-1所示，如果前车开启左转向灯，后车驾驶人要立刻意识到前车将要左转弯或掉头，左转弯或掉头必然要减速。如果后车驾驶人没有及时放松加速踏板，跟车距离会很快缩短，只好被迫放松加速踏板，再用力踩下制动踏板。如果在前车驾驶人开启左转向灯的时候，后车驾驶人随即放松加速踏板，或许就

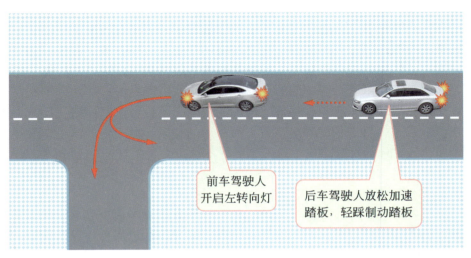

图2-1 及时对前车的动向做出反应

可以省去踩制动踏板的动作。提前放松加速踏板，不仅可以减少燃油的消耗，减少机件的冲击和磨损，还有利于行车安全，有利于把握处理道路交通情况的主动性。

在繁华的道路上驾驶车辆，通过预估风险可以提前化解险情，可以为自己处置危险情况争取更多的时间。一位出色的驾驶人，往往也是预估风险的高手，正因为如此，技术熟练的驾驶人开车时车速平稳，平均车速高，在车流中穿梭自如，给人带来安全和舒适的感觉。

一些新手在开车时，不是踩油门，就是踩刹车（制动踏板），一路上刹车灯总是频繁闪烁，不仅浪费燃油、车辆磨损严重，还不利于行车安全，这些正是缺乏预估风险能力的表现。

二、4秒跟车间距

在川流不息的车流中行驶，如果跟随前车的距离过大，将被其他车辆加塞，这是不利于行车安全的。如果跟随前车的距离过小，前车制动，后车容易发生追尾事故，更不利于交通安全。

究竟与前车应该保持多大的跟车距离呢？这要根据不同的交通情况来确定。

如图2-2所示，为了防止发生车辆追尾事故，跟车距离应当大于制动停车

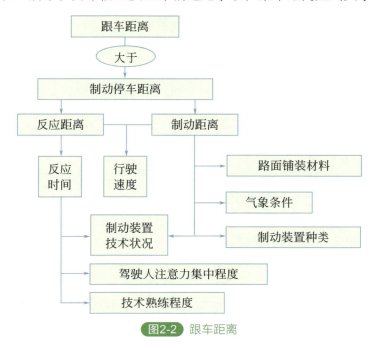

图2-2　跟车距离

距离。制动停车距离是指从驾驶人发现危险信息,采取制动减速措施,到车辆完全停下来所移动的距离。制动停车距离包括反应距离和制动距离。

反应距离是指从驾驶人发现危险信息,到采取制动措施这段时间内,车辆移动的距离。反应距离的长短,与驾驶人的注意力集中程度、驾驶技术熟练程度、车辆制动装置的技术状况、车辆行驶速度等因素有关。

制动距离是指从车轮产生制动作用至停止转动这段时间内车辆移动的距离。制动距离的长短,与车辆制动装置的技术状况、路面铺装材料(水泥、沥青、石子、土路)、气象条件(干燥、雨、泥泞、冰雪)、制动装置种类(盘式制动器、鼓式制动器;液压制动、气压制动)、车辆行驶速度等因素有关。

在以上诸多因素中,决定制动停车距离最关键的因素是当时车辆的行驶速度。

对于反应距离来讲,在驾驶人反应时间一定的情况下,车速越快,反应时间内车辆所移动的距离就越长。对于制动距离来讲,车速越快,汽车的动能越大,汽车的制动距离就越长。因此,在正常的路面行驶,主要是根据车速来确定与前车的跟车距离。

当时速低于30千米时,跟车距离要大于5米;当时速为30~60千米时,跟车距离为时速数值减去15;当时速高于60千米时,跟车距离的米数为当时的时速数值,见表2-1。

表2-1 跟车距离

车速/(千米/小时)	跟车距离/米	车速/(千米/小时)	跟车距离/米
<30	>5	80	80
30	15	90	90
40	25	100	100
50	35	110	110
60	45	120	120
70	70	130	130

在雾天、雨天、雪天等不良气候条件下,由于视线不良,路面抗滑性能下降,跟车距离还应当更大一些。

驾驶人身居行驶的车内所目测的跟车距离会存在误差,所以,在高速公路的入口处、较长的直线段、易发生追尾事故等路段专门设置了确认车距的交通标志,施划了确认车距的交通标线。然而,在高速公路的其他部位则没有确认车距的交通标志和交通标线,在普通公路和市区道路也没有确认车距的交通标志和交通标线。在这种情况下，如何确保跟车距离呢？

防御性驾驶关于跟车距离的表述，不是用长度单位的米来表示的，而是用时间单位的秒来表示的，用这样的方法来把握跟车距离，或许误差会更小一些。

防御性驾驶关于跟车距离的具体表述为，当时速低于30千米时，跟车距离应该大于2秒；当时速为30～60千米时，跟车距离应该大于3秒；当时速高于60千米时，跟车距离应该大于4秒，见表2-2。

表2-2　普通汽车跟车距离

车速/（千米/小时）	2秒行程/米	3秒行程/米	4秒行程/米
10	5.56		
20	11.11		
30		24.99	
40		33.33	
50		41.67	
60		49.99	
70			77.76
80			88.89
90			100
100			111.11
110			122.22
120			133.33
130			144.44

如果是大吨位的汽车，如大客车、大货车，或者足额装载的其他车辆，或者在不良气候下行驶的车辆，跟车距离还应该再上升一个等级。属于以上情况，当时速低于30千米时，跟车距离应该大于3秒；当时速为30～60千米时，跟车距离应该大于4秒；当时速高于60千米时，跟车距离应该大于5秒，见表2-3。

表2-3　大吨位汽车跟车距离

车速/（千米/小时）	3秒行程/米	4秒行程/米	5秒行程/米
10	8.33		
20	16.67		

续表

车速/（千米/小时）	3秒行程/米	4秒行程/米	5秒行程/米
30		33.33	
40		44.44	
50		55.56	
60		66.67	
70			97.22
80			111.11
90			125
100			138.89
110			152.78
120			166.67
130			180.56

防御性驾驶人对跟车距离的确认，在多数情况下是用4秒来计算的，也称防御性驾驶关于跟车距离的4秒法则。

防御性驾驶人如何利用时间来测量跟车距离呢？

如图2-3所示，用4秒法则测量与前车的跟车距离，首先是寻找参照物，我们以路边建筑物的一端为参照物。当前车到达路边建筑物一端的位置时，我们开始数"一千零一""一千零二""一千零三""一千零四"。

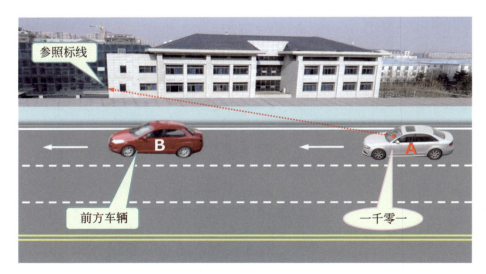

（a）一千零一

（b）一千零二

（c）一千零三

图2-3 读秒测量车距

如图2-4所示，如果数完"一千零四"这个数，我们的车已经越过参照物，表明我们与前车的跟车距离小于4秒法则规定的车距，应该适当增加与前车的跟车距离。

防御性驾驶全攻略

图2-4　车距小于4秒法则规定值

如图2-5所示，如果数完"一千零四"这个数，我们的车刚好到达参照物或者即将到达参照物，表明我们与前车的跟车距离符合4秒法则规定的车距，可以保持这样的车距继续向前行驶。

图2-5　车距符合4秒法则规定值

为了能够准确读秒，我们可以在平时做一些练习，对着秒表口念或者心里默念，"一千零一""一千零二"，"一千零三""一千零四"，经过反复练习来把握读秒的节奏，用4秒的时间刚好读完以上4个数字，就达到了准确读秒的要求了。

三、不要被"路怒"情绪伤害

1988年4月，美国的报纸中首次出现了"路怒"一词。1999年美国主流报纸中涉及"路怒"一词的文章超过2500篇。据报道，美国每年因"路怒症"造成的死亡人数超过1200人。与防御性驾驶人相比，人们把"路怒症"驾驶人称为攻击性驾驶人。这类驾驶人如同易燃易爆物品，随时都会燃烧爆炸。

近年来，我国有关"路怒症"的事件多次被媒体报道，有些"路怒症"驾驶人还上演了血案，引起社会广泛关注。

2015年5月初，"成都女司机被打"的视频在互联网上曝光之后，立即引起了社会和许多媒体的热议。

事情的经过如图2-6所示，女驾驶人驾驶着B车，由主路向右连续变更2条车道，准备进入辅道行驶。

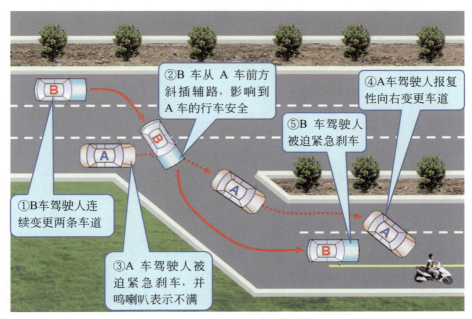

图2-6 两车由主路驶向辅路斗气

男驾驶人驾驶的A车因B车的并线只好被迫紧急刹车。两车进入辅路之后，A车驾驶人对B车驾驶人的并线不满，于是也向右并线报复B车驾驶人。

如图2-7所示，B车驾驶人因A车驾驶人的并线阻挡了自己的正常行驶而激发了不满情绪，于是也向右并线报复A车驾驶人。

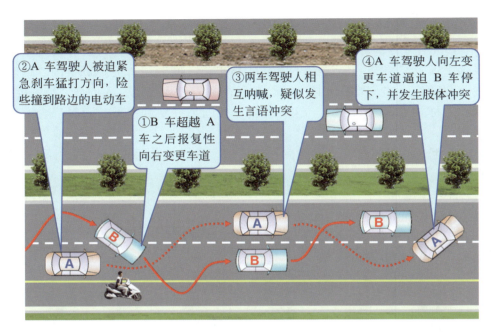

图2-7　两车在辅路斗气

A车驾驶人再次紧急刹车并鸣喇叭示威，期间，险些与右侧的电动车相撞，A车中男驾驶人的妻子和幼儿受到惊吓，幼儿哭闹不止，不禁让男驾驶人满腔怒气。

接下来，A车与B车并排行驶，两车驾驶人相互呐喊，疑似升级为言语冲突。

A车驾驶人终于按捺不住胸中的怒火，他向左变更车道强迫B车停车，然后将女驾驶人从B车内拽出进行殴打，用脚猛踢女驾驶人的头部和腰部。致使女驾驶人的颈部、手臂、腿部和脸上都有明显淤青，出现脑震荡，并且右肩骨折。

事后，女驾驶人因伤住进了医院，男驾驶人因涉嫌寻衅滋事被刑拘。

2015年8月21日，成都市锦江区人民法院对备受社会关注的男驾驶人故意伤害案公开宣判，以故意伤害罪判处被告人张某有期徒刑8个月，缓刑1年。

以上男驾驶人殴打女驾驶人的案例，从A车、B车行驶路线上的冲突，发展到言语冲突，最终变成肢体冲突，这个过程只是经历了2分多钟的短暂时间，"路怒症"便上升到了可怕的暴力冲突。

以上情况并非个例，有关部门的统计数据表明，我国近年来因"路怒症"引发的交通事故呈逐年上升的趋势。因此，警惕车辆行驶中的"路怒症"，遏制由"路怒症"导致的交通伤亡事故，确实是值得人们深思的。

"路怒症"是一种典型的社会心理综合征，不仅仅存在于某个人或者某个阶层，而且是带有群体性和普遍性特征的，是报复心理作用下的一种应激反应，行为者实施某种行为并非出于理性，而是出于情绪。

在车辆处于动态行驶中，驾驶人的大脑会频繁地受到来自路况中多种信息的刺激，当遭受不良信息刺激的时候，驾驶人就会激发不良情绪，从而在心理层面和生理层面上产生应激反应，假如不能及时调控心态，不能有效地控制不良情绪的增长，就会发展到怒不可遏的地步，不由自主地做出不计后果、悔恨终生的事情来。

要警惕自己成为"路怒症"的肇事者，车辆行驶中驾驶人遇到不顺心的事，一定要克制不良情绪的增长，要尽力避免交通纠纷，要防止交通纠纷爆发为肢体冲突，不要让自己成为"路怒症"的扮演者。

同时也要警惕自己成为"路怒症"的受害者，在车辆行驶中要文明礼让，严格遵守通行规则，这样才不至于冒犯别人。

假如遇到那些寻衅滋事、制造事端的人，不要用以牙还牙的方式为自己解气，要立刻意识到对方可能有人格障碍，或者是属于精神不正常的人，或者是处在酒驾、毒驾的状态，用不着与这样的人计较，更没有必要与这种人一比高低，离这样的人远一点就是了，你应该相信，这种人迟早会有碰壁或受到惩罚的时候。

有理也好，无理也罢，开车不可任性，任性容易酿成"路怒症"。"路怒症"会诱发交通事故，甚至危害公共安全。

我们应该做防御性驾驶人，不应该做攻击性驾驶人。"路怒症"状态下的驾驶人具有攻击性，防御性驾驶人对此应该有所警惕，严防被"路怒症"驾驶人的攻击受到伤害。

四、先分隔后化解

车辆行驶中，假如遇到复杂的交通情况，要设法将复杂的交通情况分隔为若干个简单的交通情况，然后再分别化解。

如图2-8所示，A车前方有结伴并行的电动车，迎面有一辆驶来的汽车B。

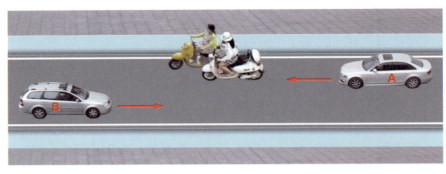

图2-8　A车将与B车会车

由于道路狭窄，会车时要避免多车并行的情况出现，如图2-9所示。

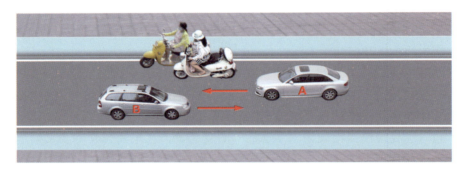

图2-9　多车并行是危险的

对于A车来讲，如果相距电动车比较远，就应该提前减速，让B车与电动车交会之后，再与B车会车，然后再超越电动车，如图2-10所示。

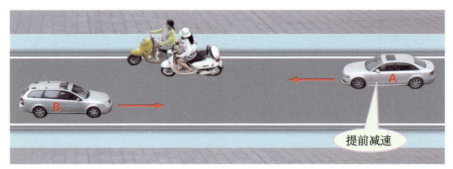

图2-10　A车提前减速

如果A车距电动车较近，则应该提前加速，超越电动车之后，再与B车会车，如图2-11所示。

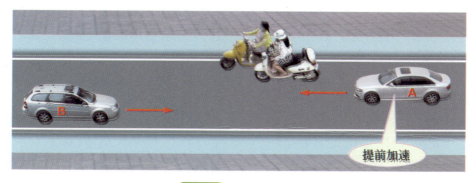

图2-11 A车提前加速

对于B车来讲,如果A车相距电动车较远,B车则应该提前加速,先与电动车会车,然后再与A车会车,如图2-12所示。

图2-12 B车提前加速

如果A车已经接近电动车,B车则应当事先降低车速,等待A车顺利超越电动车之后,再与A车会车,如图2-13所示。

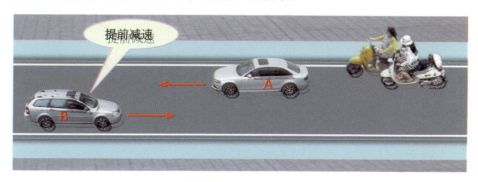

图2-13 B车提前减速

在A车、B车与电动车等距离的情况下，如果B车驾驶人反应迟缓，仍然保持原有的车速行驶，必将导致多车并行的危险局面出现，这是新手缺乏防御性驾驶预估风险能力的表现。

五、认知车辆视线盲区

虽然在汽车的四周都有透明的玻璃，但是，置身于车内的驾驶人在向车外观察时，还是有看不到的区域，这些看不到的区域就称为视线盲区。防御性驾驶人应该了解车辆视线盲区的分布情况，并设法克服视线盲区带来的安全隐患。

1.汽车左右两侧视线盲区的分布

如图2-14所示，由于驾驶人位于驾驶室的左侧，因此，右侧的视线盲区大于左侧的视线盲区，所以，在右转弯、向右变更车道、超越右侧的障碍物时，要加倍小心。

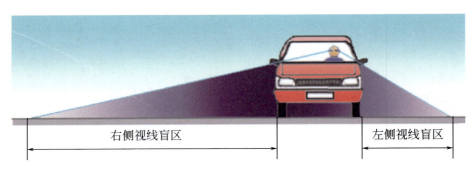

图2-14　左右视线盲区

2.车头种类决定车前视线盲区

如图2-15所示，仅从汽车的前半部（车头）来看，有长头式汽车、短头式汽车、平头式汽车等类型。

（a）长头式　　　　　（b）短头式　　　　　（c）平头式

图2-15　车头类型

如图2-16所示，平头式汽车的车前视线盲区小，便于在车辆行驶中准确地穿越车前障碍。但是，平头式汽车的发动机位于驾驶人的座椅之下，驾驶人的前方只有一层铁皮防护，假如汽车与前车发生追尾事故，驾驶人受到伤害的可能性会大一些。

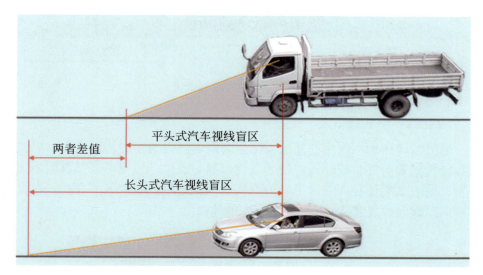

图2-16　长头式汽车与平头式汽车视线盲区对比

长头式汽车的车前视线盲区大，在繁华道路上行驶，穿越障碍物的难度比较大。但是，长头式汽车的发动机位于驾驶人的前方，假如车辆发生了追尾事故，由于发动机的阻隔，可以在一定程度上起到对驾驶人的保护作用。

通常三厢式轿车趋向于长头式，两厢式轿车趋向于短头式。

3.车身结构与视线盲区

如图2-17所示，人们习惯把汽车前门与前挡风玻璃之间的连接部分称为A柱；把汽车前门与后门之间的连接部分称为B柱；把汽车后门与后挡风玻璃之间的连接部分称为C柱。

如图2-18所示，汽车后方的视线盲区大于前方的视线盲区，再加上C柱和座椅靠背的遮挡，进

图2-17　车窗立柱的名称

一步增大了倒车时对地面的观察，因此，向后倒车要格外谨慎。

图2-18 前后方视线盲区

4.后视镜存在视线盲区

如图2-19所示，汽车前部的A柱会遮挡驾驶人的视线，影响汽车向左或向右转弯的安全性。驾驶人眼睛的直观范围与通过后视镜可以观察到的间接范围，两者之间还存在着看不到的空间范围，这种视线盲区的存在，增大了车辆向左或向右变更车道、超车和会车的危险性。

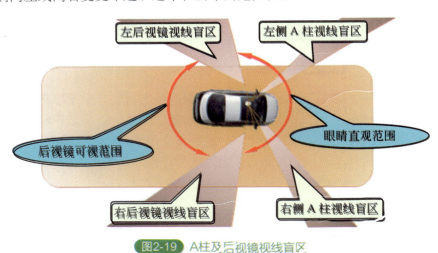

图2-19 A柱及后视镜视线盲区

如图2-20所示，为了减少这些视线盲区对行车安全的影响，在必要时，驾驶人可适当转动头部或前后移动头部，以扩大视野范围。

六、把握车辆通过性

如图2-21所示，汽车的通过性参数属于汽车的"生理指标"，这种"生理指标"决定了汽车通过障碍物的能力。防御性驾驶人应该建立汽车通过性的概念，对汽车能否通过前方的道路具有预测评估能力。

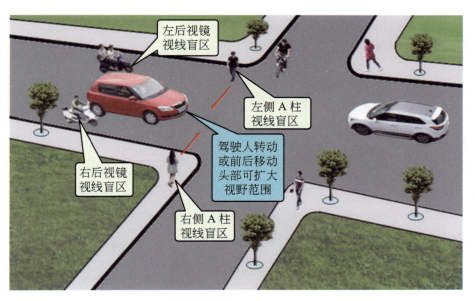

图2-20 扩大视野范围

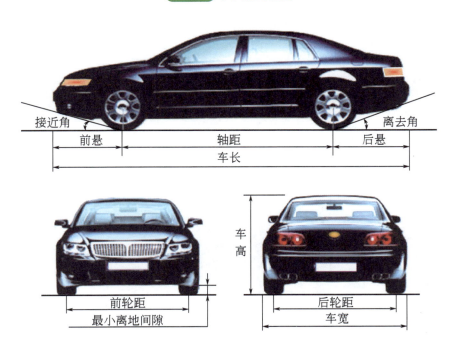

图2-21 汽车通过性参数

1. 起伏路要防止车体受伤

如图2-22所示，轿车的悬架软，离地间隙、接近角、离去角都比较小。因此，在上下台阶、通过凸凹路面时，可让乘客暂时下车，以免车身下部与地面接触。

（a）上台阶

（b）下台阶

图2-22 卸载通过台阶

2. 前进转弯有内轮差

如图2-23所示，汽车前进转弯行驶，前轮转弯半径大，后轮转弯半径小，内侧前轮与内侧后轮转弯半径之差称为内轮差。

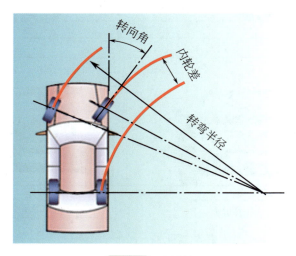

图2-23 内轮差

汽车拖带挂车时，内轮差增大，如图2-24所示。

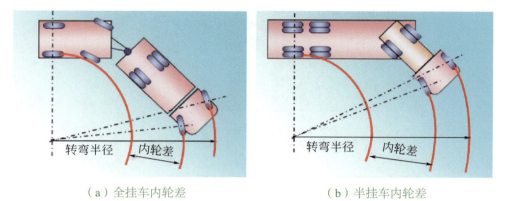

（a）全挂车内轮差　　　　　　　　（b）半挂车内轮差

图2-24　带挂车的内轮差

小型汽车内轮差的最大值可达1米以上，大型汽车内轮差的最大值可达到2米以上，牵引车内轮差的最大值甚至可以达到5米以上。

内轮差对汽车通过性的影响不可忽视。如图2-25所示，汽车在窄路前进转弯时，如果只是注意到前轮，忽视了内轮差对后轮的影响，内侧后轮就会越出路面。

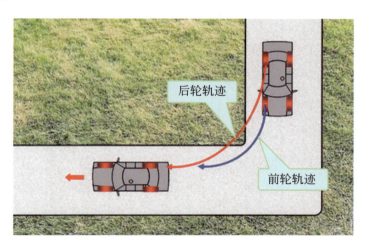

图2-25　内轮差导致内侧后轮下路

如图2-26所示，为了确保前轮和后轮都不超出道路边缘线，在前进转弯之前就应该为内轮差留出余量。

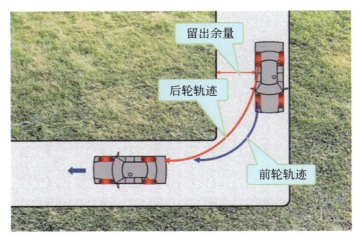

图2-26 前进为后轮内侧留出余量

3.倒车转弯有外轮差

如图2-27所示,汽车倒车转弯行驶中,前轮转弯半径大,后轮转弯半径小,外侧前轮与外侧后轮转弯半径之差称为外轮差。

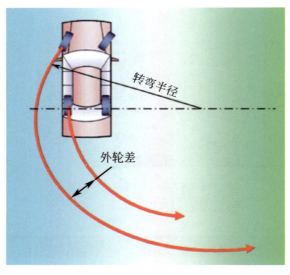

图2-27 外轮差

我们不可忽视外轮差对汽车通过性的影响。如图2-28所示,汽车在窄路倒车转弯时,如果只是注意到后轮,忽视了外轮差对前轮的影响,外侧前轮就会越出路面。

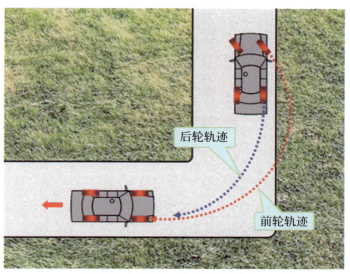

图2-28 外轮差导致外侧前轮下路

如图2-29所示,为了确保前轮和后轮都不超出道路边缘线,在倒车转弯之前就应该为外轮差留出余量。

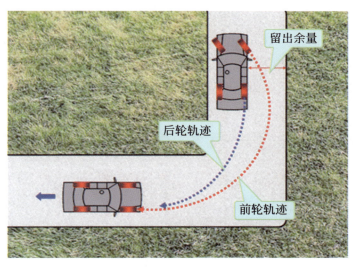

图2-29 倒车为前轮外侧留出余量

4.鲜为人知的车尾外摆值

如图2-30所示,汽车在转弯时,不仅车头会越出原来的轨道,车尾也会越出原来的轨道。车尾越出车辆外侧垂直平面的数值,称为车尾外摆值。

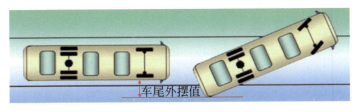

图2-30 车尾外摆值

车尾外摆值的大小主要取决于车辆的后悬。如图2-31所示，不同车辆的后悬尺寸是有很大差别的。

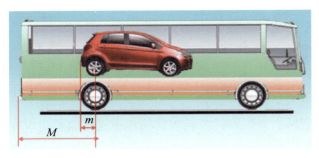

图2-31 后悬对比

小型汽车的后悬（图2-31中 m）较短，外摆值几乎可以忽略不计。大型汽车的后悬（图2-31中 M）较长，而且车身的宽度几乎要占满市区道路的车行道。在大型汽车并行变道时，如果转动转向盘的角度大，车尾外摆值就大，就有可能与相邻车道的大车发生剐蹭事故，如图2-32所示。

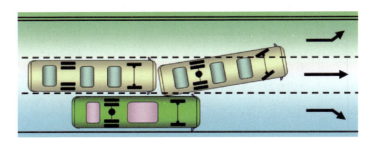

图2-32 当心车尾外摆

本书笔者就曾经目睹过这样一起交通事故，如图2-33所示，A车、B车两辆大客车同向行驶，在A车向左变更车道的过程中，A车的右后角与B车的左前角发生接触，两车均有不同程度的损坏。

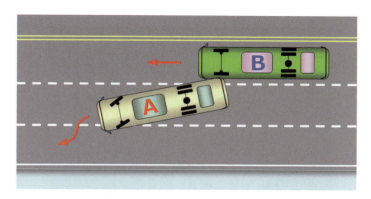

图2-33 A车右后角与B车左前角接触

事故发生在交通流量比较大的市区道路，当时车速并不快，事故发生之后，A车在前，B车在后，在相距不远的地点停下。两车驾驶人就事故责任争执不下，只好报警，让交通警察来裁定。交通警察到达现场，经过拍照和询问当事人，一时也难以裁决，只好让双方当事人去交警队接受处理。最终处理结果，双方当事人负事故同等责任，各修各的车。假如当时A车驾驶人懂得大客车车尾外摆值的原理，也就不会发生这起交通事故了。假如当时B车驾驶人懂得大客车车尾外摆值的原理，就可以据理力争，摆脱交通事故的责任了。

5.狭窄场地进库技巧

如图2-34所示的车库，由于车库门前的场地狭窄，在进库时车辆右侧容易剐蹭，出库时车辆左前方容易剐蹭。后来改用了倒车入库的方法，进出车库就轻松多了。

（a）前进

图2-34

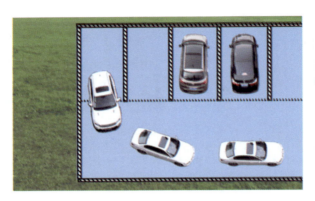

（b）倒车

图2-34 巧用倒车

6.T形路口掉头技巧

如图2-35所示，在狭窄的T形路口掉头时，要将车头朝向较宽的路面，车尾朝向较窄的路面，由于倒车转弯时车头的横扫宽度较大，将车头朝向较宽的路面转弯倒车，可以防止倒车时车头越出路边。

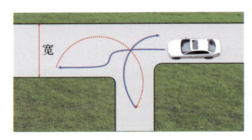

（a）前方路面宽

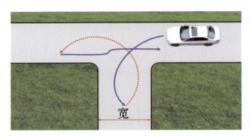

（b）左侧路面宽

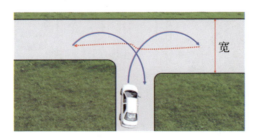

（c）右侧路面宽

图2-35 让车头进入较宽的路面掉头

七、防范"鬼探头"

谈起"鬼探头",许多驾驶人都会毛骨悚然。如图2-36所示,南北方向为主流道路,绿灯亮时,由南向北的直行车辆A车、B车同时起步进入交叉路口。随后驶来的C车正好赶上绿灯,C车未经减速,便直行进入交叉路口。面对红灯的电动自行车由东向西直行进入交叉路口,先后躲过了A车、B车,然后继续向西行驶。由于A车、B车的遮挡,C车驾驶人事先没有发现横向驶来的电动自行车,结果C车与电动自行车发生了侧面撞击,致使骑车人遭受重伤。

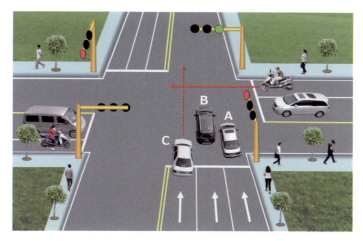

图2-36 C车与电动车侧面相撞

关于这起交通事故的裁定,交通管理部门认为,电动自行车在红灯亮时进入交叉路口,属于违反交通信号灯的规定,应该承担交通事故的主要责任。轿车C通过交叉路口,车速过快,存在交通安全违法行为,应该承担交通事故的次要责任。

C车驾驶人感到自己有点冤枉,当他发现横向违规驶来的电动自行车时,立刻采取了紧急制动的避让措施,因此才把交通事故的损害降到了最低程度。确实,在存在视线盲区的情况下,电动自行车的突然出现,让C车驾驶人很难避免交通事故的发生,人们把这种紧急情况称为汽车驾驶人最可怕的"鬼探头"。

开车不可疏忽大意,稍有大意麻烦就会接踵而来。尤其是遇到鬼探头的情形,会让驾驶人立刻吓出一身冷汗。

图2-37 座位安全度

八、轿车座位安全排行榜

交通事故调查分析表明，轿车内每个座位的安全度是有所不同的。以5座轿车为例，在使用安全带的情况下，后排座的安全度大于前排座的安全度。后排座中间的座位安全度最高（A级），其次是后排左侧座位（B级），再次是后排右侧座位（C级）。前排座驾驶人座位的安全度（D级）要高于副驾驶人座位（E级），如图2-37所示。

1. 后排座位比前排座位安全

在汽车碰撞的交通事故中，迎面碰撞、追尾撞击发生的概率比较高，撞击的能量比较大，碰撞时产生的散落物也容易对前排座人员造成伤害，相对而言，后排座比前排座要安全一些。

2. 驾驶人座位比副驾驶人座位安全

紧急避险是人的一种本能，车辆行驶中遇到追尾或者迎面障碍物的威胁时，驾驶人会不由自主地转动转向盘首先让自己躲开，从而增大了副驾驶人座位的风险，如图2-38所示。

图2-38 前车突然制动

虽然副驾驶人座位的安全度最低，风险系数最大，但许多人乘坐出租车时，还是习惯在这个位置就坐。可能是因为这个位置的视线好，便于与司机交谈。尽管副驾驶人座位安全度最低，但是这个座位的乘客不系安全带的情况还是比较多见的。这大概是乘车习惯的问题，也或许是认为出租车的安全带不清洁。不系安全带，则会进一步降低这个座位的安全度。

3. 后排中间座位最安全

如图2-39所示，行人在过马路时，总是首先要把目光投向左侧，确认左边不会发生危险，才会向道路中间行走去。如图2-40所示，当靠近道路中心线时，行人会再把目光转向右侧，确认右边不会发生危险，才会走向马路对面。

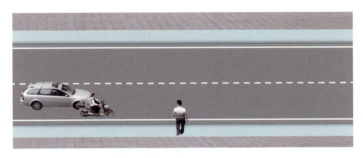

图2-39 把目光投向左侧

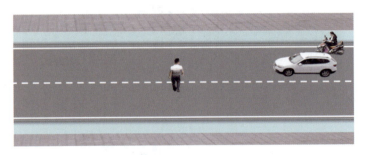

图2-40 把目光转向右侧

如图2-41所示，或许是将行人过马路的习惯转移到车辆驾驶中去了，在接近交叉路口时，多数驾驶人会首先把目光侧重左侧的岔道，驾驶人的座位在左侧，透过车窗向左观察要比向右侧观察的视线清晰。虽然通行规则明确规定"让右边的车先行"，但是，由于种种原因，驾驶人还是更多地提防左侧的侧面撞击。最主要的原因是进入路口之后，我们首先要与左侧的来车发生运动干涉。因此，我们对路口右侧的注意力就会分配得少一些，观察得迟一些，所以，后排右侧发生侧面撞击的可能性就会大一些。

防御性驾驶全攻略

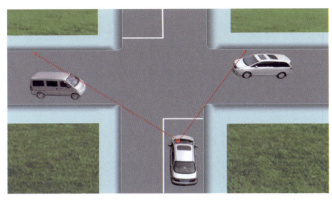

图2-41　左侧比右侧便于观察

　　车辆行驶中，后排左、右两侧的座位受侧面撞击的风险比较大。汽车发生侧面撞击的情况，大多出现在通过交叉路口、变更车道的时候。

　　汽车的4个车轮，右后轮与驾驶人相距最远，车辆在行驶的动态中，右后轮所在的动态空间位置最难把握。在交通流量大的繁华路段，或者高速行驶的过程中，变线、并线都可能导致车辆右后方的侧面撞击，如图2-42所示。

（a）变线

（b）并线

图2-42　强行超车增大了后排右侧乘客的风险

前排的两个座位、后排两侧的座位，都可能受到外力的冲撞，只有后排中间的座位安全度最高。但是，在不系安全带的情况下，后排中间座位的乘客安全度将大打折扣，剧烈的碰撞，甚至紧急制动，都有可能使后排中间座位的乘客向前翻滚。

第二节 ● 防御性驾驶的日常养成

一、正确使用安全带

道路交通安全法明确规定，机动车行驶时，驾驶人应当系安全带。不仅要养成开车系安全带的良好习惯，而且还要正确地使用安全带。

如图2-43所示，系安全带时，将安全带从胸前绕过，然后把插板插入插座的插孔内即可。

如图2-44所示，解除安全带时，用拇指按下插座上端的按钮，插板便会从插座中脱出。

如图2-45所示，考虑到人体的身高不同，安全带的高度是可以调整的。

图2-43 将插板插入插座

图2-44 解除安全带

按下调整按钮

改变上下位置

图2-45 高度调整

通过高度的调整，应该使安全带位于肩与颈根之间，并且经过胸部的适当位置，如图2-46所示。

如图2-47所示，如果安全带高度调整不当，或者使用方法不正确，让安全带位于胸前腹部和肋骨的位置，在发生紧急情况时，安全带就不能很好地对人体起到保护作用。

图2-46　正确位置

图2-47　错误位置

二、全神贯注与轻重缓急

车辆在道路上行驶，为了避免交通事故的发生，不仅要求驾驶人必须保持注意力的高度集中，还要求驾驶人根据道路交通情况的变化，随时对注意力进行调节和重新分配。

驾驶车辆在道路上行驶，随时都面临着风险。只有集中精力，全神贯注，才能及时发现道路上出现的危险情况，才能做到反应迅速，判断准确，采取措施得当。

假如缺少定力，让驾驶人分心的原因就会很多。比如，车外秀丽的风景、艳丽的服饰、惨烈的车祸现场，车内的音乐、手机的铃声、孩子的呼唤、与车内人员的交谈，自身情绪的波动、深陷对某件事情的沉思等。所以，保持定力，排除干扰，专注开车，是防御性驾驶人必备的素质。

驾驶车辆注意力集中固然重要，但是，仅仅做到注意力集中还是不够的。所谓顾此失彼，问题就在于不善于注意力的分配。

如图2-48所示，在复杂的道路交通情况下，驾驶人要把注意力同时分配到道路的各个空间，注意力不仅要多方兼顾，也要有所侧重，还要随着时间的延伸及时转移侧重点。注意力分配是对防御性驾驶人更高层次的要求。

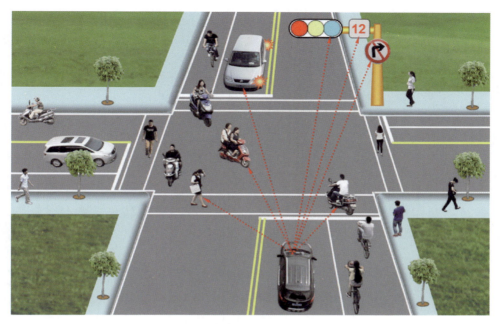

图2-48 注意力分配

三、处事灵活机动

车辆行驶中，纷繁复杂的道路交通情况分分秒秒都在进入驾驶人的视觉，要经过驾驶人的"感知—预判—决策"，来应对各种交通情况。然而，还是会有一些交通情况没有被驾驶人顾及到，以至于让驾驶人一时处于被动和尴尬的境地，情急之中，扮演了危险驾驶人的角色。

比较常见的情形，本来是要直行通过前方路口，一不小心却误入了右转弯车道。这时似乎只能在右转弯车道等待直行绿灯信号了，结果是阻塞了后方右转弯的车辆，构成了错上加错的违规行为。难道就没有办法化解这种错误吗？

这就需要驾驶人在处理交通情况时脑子要灵活一些，假如我们事先储备有处理这种情况的预案，遇到这种情况就不会束手无策了。

如图2-49所示，当我们需要直行通过前方的路口，却无意中进入了右转弯车道时，可以分三步来化解先前的错误。第一步是右转弯，第二步是掉头，第三步是右转弯。这样做，看起来是麻烦一些，但是，总比在右转弯车道直行进入路口的铤而走险行为要好一些。

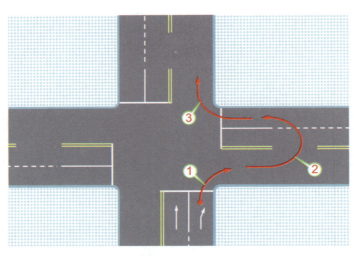

图2-49 直行误入右转弯车道

如图2-50所示,类似的情况,还有左转弯误入右转弯车道、左转弯误入直车行道、右转弯误入直车行道,进入左转弯车道之后临时决定右转弯,以上这些情况都是可以化解的。

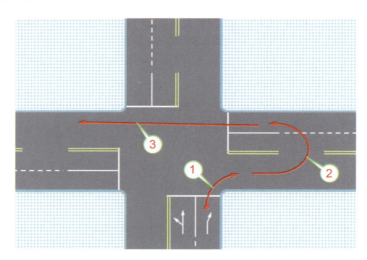

(a)左转弯误入右转弯车道

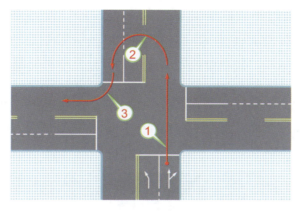

(b)左转弯误入直车行道

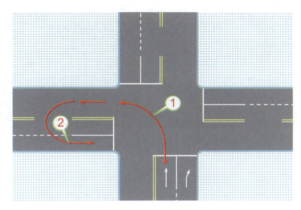

(c)右转弯误入直车行道

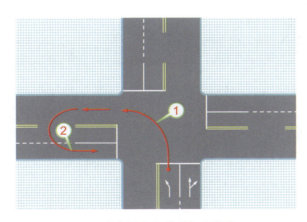

(d)在左转弯车道进行右转弯

图2-50 化解失误

四、停车位置不要距停止线过远

在交叉路口停车等候绿灯信号时,假如距停止线过远,就会降低路口的通行效率。第一辆车的停车位置距离停止线有一个车的长度,就意味着绿灯时段要少放行一辆汽车。怎样才能做到靠近停止线停车呢?

在靠近汽车前保险杠的下方画上一条横线,然后坐在车内从左侧观察这条横线,对于普通三厢式轿车(其他车辆可以参照这种方法)来讲,这条横线大致位于左后视镜的下方,如图2-51所示。

图2-51 前保险杠与地面的位置关系

以上是在驾校训练"坡道定点停车和起步"时采用的方法,我们可以把这种方法运用到实际驾驶中去,如图2-52~图2-54所示。

图2-52 低速靠近停止线

图2-53　停止线进入车前视线盲区

图2-54　利用眼睛的余光从左侧观察停止线

由于每个人的身高、坐姿及车体尺寸有所区别，具体瞄准点会有所不同，这里只是对准确停车的方法加以介绍，具体情况还要具体对待。

五、在车道中间行驶

新手开车，对方向的把握欠缺精准度，在有交通标线的车道，不少人总是偏向车道的右侧行驶，有些人总是偏向车道的左侧行驶，因而给行车安全带来了隐患。怎样才能让车辆行驶在车道的居中位置呢？

如图2-55所示，在平坦的地面沿着左侧的前后车轮画上一条直线A，在这条直线的左侧相距50厘米处再画上一条平行线B，然后坐在驾驶室内观察地面上的这两条直线,在视线通过挡风玻璃边缘的位置标上记号A和记号B。有了这两个记号,我们就可以较为准确地判断左侧车轮在地面上的行驶轨迹了。

图2-55 在挡风玻璃下缘标上记号

如图2-56所示,车辆行驶中,假如通过记号A的视线与地面标线重合时,左侧车轮将会从标线上碾过,在狭窄的道路、冰雪道路、泥泞道路行驶,可以借助这种方法准确控制车辆的行驶路线,以便跟随前车的车辙行进。假如让通过记号B的视线与地面标线重合,车辆左侧与地面标线相距约50厘米,车辆大致在车道的中间行驶。

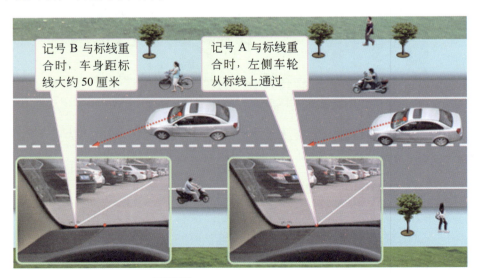

图2-56 判断左侧车轮的行驶轨迹

六、变更车道要看后视镜

在变更车道时，要善于利用后视镜观察相邻车道车辆的方位。

1. 向右变更车道

如图2-57所示，来车影像占右后视镜的2/3以上时，不可向右变更车道。

图2-57　不可向右变更车道

如图2-58所示，来车影像占右后视镜的1/2以下时，在时速低于10千米的情况下可以向右变更车道。

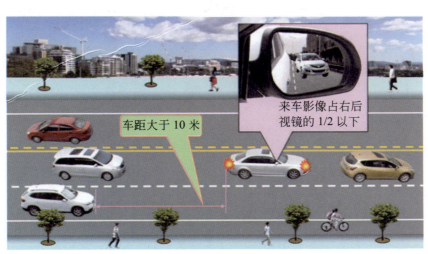

图2-58　相距10米以上向右变更车道

如图2-59所示，来车影像占右后视镜的1/4以下时，在时速低于20千米的情况下可以向右变更车道。

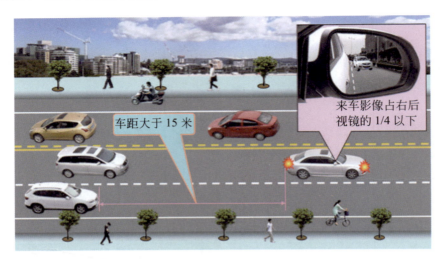

图2-59 相距15米以上向右变更车道

2.向左变更车道

如图2-60所示，来车影像占左后视镜的1/2以上时，不可向左变更车道。

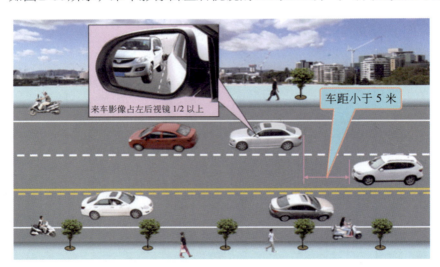

图2-60 不可向左变更车道

如图2-61所示，来车影像占左后视镜的1/3以下时，在时速低于10千米的情况下可以向左变更车道。

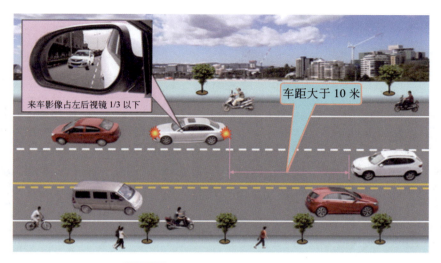

图2-61 相距10米以上向左变更车道

如图2-62所示,来车影像占左后视镜的1/4以下时,在时速低于20千米的情况下可以向左变更车道。

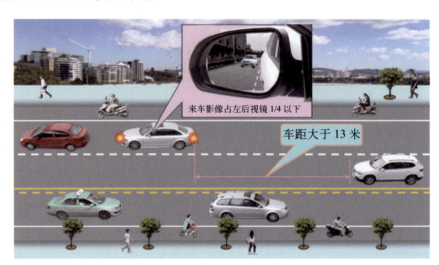

图2-62 相距13米以上向左变更车道

七、加油要养成好习惯

如图2-63所示,开车去加油站加油,要有安全防范意识。汽车在加油站加油的过程中,由于种种原因,会使加油站的空气中弥漫着汽油蒸气。在这样的环境下，很容易引起火灾和爆炸。

图2-63 在加油站要有安全防范意识

1. 不要在满载乘客的情况下给汽车加油

尽量不要驾驶满载乘客的汽车去加油站。车内的乘客越多，危险因素也就越多。

2. 在加油站等候时要让发动机熄火

发动机运转时，排气管、消声器的温度很高，排出的废气还可能夹杂有火星。因此，当汽车进入加油站等候加油时，应该让发动机熄火，等到前车加油完毕，再重新启动发动机，将车向前移动。汽车在加油机旁边停下，驾驶人在下车之前，应该首先关闭点火开关，让发动机熄火。

3. 加油时要让发动机熄火

在发动机运转的情况下给汽车加油是非常危险的。因此，在开始加油之前，必须将汽车的发动机熄火。在给汽车加油的过程中，不要启动发动机。

4. 不要在加油站使用手机

在加油站等候加油，或者在加油的过程中，不要拨打或接听手机。手机属于非防爆通信设备，在加油站拨打或接听手机会增加引发火灾的可能性。为了保险起见，在进入加油站之前，最好将手机关闭；等到离开加油站之后，再打开手机。

5.尽量不要在雷雨天气给汽车加油

在汽车加油的过程中,一部分汽油蒸气散发到空气中,如果遇到雷电,后果将十分危险。

八、引人注意的转向灯

确实存在着该使用转向灯却未开启转向灯的情况。有些驾驶人因为疏忽大意忘了使用转向灯;有些驾驶人为了图省事,认为只有在人多、车多的路口或路段才有必要使用转向灯,在人少、车少的路口或路段,用不用转向灯都无关要紧。以上这些现象,都会或多或少地给交通安全埋下隐患。

转向灯可以向过往车辆表达本车行驶方向将要改变,请其他车辆注意避让的提示信息。适时正确地使用转向灯,有利于避免交通事故。适时正确地使用转向灯,是防御性驾驶中引人注意原则的体现。

1.右转向灯的使用

如图2-64所示,向右转弯、向右变更车道、超车完毕驶回原车道、靠路边停车时,应当提前开启右转向灯。

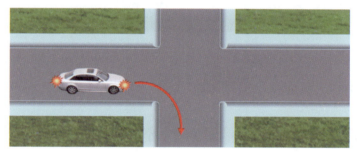

(a)向右转弯

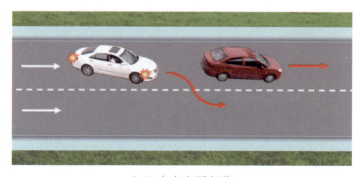

(b)向右变更车道

图2-64

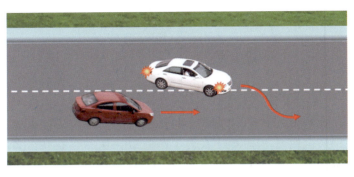

(c) 超车完毕驶回原车道

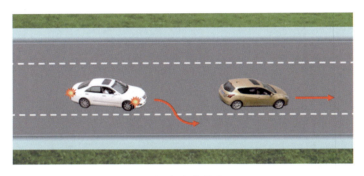

(d) 靠路边停车

图2-64 右转向灯的使用

2. 左转向灯的使用

如图2-65所示，向左转弯、向左变更车道、准备超车、驶离停车地点或者掉头时，应当提前开启左转向灯。

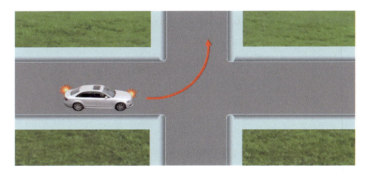

(a) 向左转弯

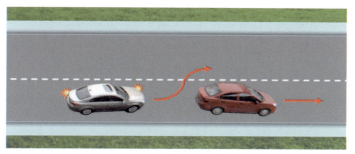

（b）向左变更车道

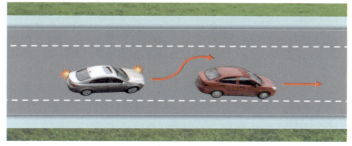

（c）准备超车

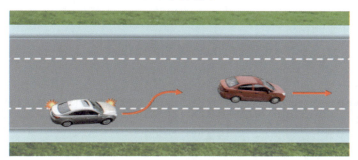

（d）驶离停车地点

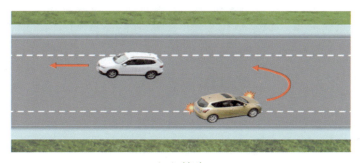

（e）掉头

图2-65 左转向灯的使用

九、让车灯成为夜行的"眼睛"

1.前照灯的功用

如图2-66所示,汽车的前照灯包括近光灯和远光灯。

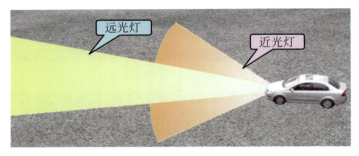

图2-66 前照灯光束

近光灯光线柔和,所以又称防眩目照明灯,它的光束下倾,能照射到车前40米以内的障碍物,主要在夜间会车和在有路灯照明的市区道路行驶时使用。

远光灯可照射到车前100米或更远的距离,主要用于在夜间无对面来车或汽车高速行驶时使用。

如图2-67所示,汽车前照灯有近光灯照射范围宽、远光灯照射距离远的特点。

(a)近光灯便于近距离观察路面　　　　(b)远光灯便于远距离观察路面

图2-67 前照灯照明特点

2.不同车速灯光的选用

如图2-68所示,夜间起步时,应该开启左转向灯和近光灯。
如图2-69所示,当时速低于30千米时,应该使用近光灯。
如图2-70所示,当时速高于30千米时,应该使用远光灯。

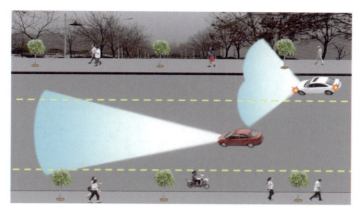

图2-68 夜间起步灯光的使用

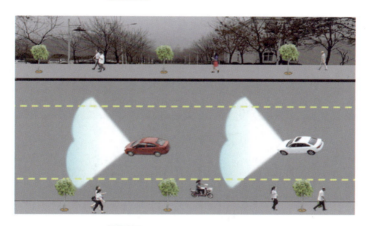

图2-69 低速行驶使用近光灯

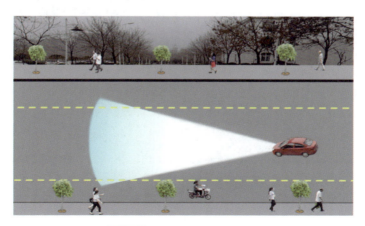

图2-70 高速行驶使用远光灯

3.利用车灯判断路面线形变化

如图2-71所示,当车灯的照射距离由近变远时,表明车辆已经到达坡顶,或者是开始下坡。

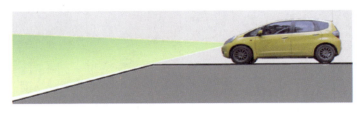

图2-71 灯光由近变远

如图2-72所示,当车灯的照射距离由远变近时,表明车辆前方是上坡路段,或者是车辆正处于起伏坡道的低谷路段。

图2-72 灯光由远变近

如图2-73所示,夜间行驶如果车灯照射至道路的一侧,表明车辆行驶进入弯道。

图2-73 灯光偏向道路的一侧

如图2-74所示,汽车处在弯道行驶的时候,可将远光灯变为近光灯,或者交替使用远近光灯,这样可以扩宽视野。

图2-74 近光灯可扩宽视野

4.夜间在拱桥上车灯的使用

如图2-75所示，夜间通过拱桥时，如果使用远光灯，则照射范围窄，此时可将远光灯变为近光灯，或者交替使用远近光灯。

（a）远光灯不便于观察桥面情况

（b）近光灯便于观察桥面情况

图2-75 拱桥路段交替使用远近光灯

5. 夜间在交叉路口时车灯的使用

如图2-76所示,夜间行经无路灯照明的交叉路口时,要特别注意过往的非机动车和行人,利用交替使用远光灯和近光灯的方法,有利于全面观察交叉路口的交通情况。

(a)看远　　　　　　　　　　　　　(b)顾近

图2-76　在无路灯的交叉路口交替使用远近光灯

6. 夜间在窄路时车灯的使用

机动车夜间在窄路、窄桥与非机动车会车时,如果使用远光灯,则在强光的照射下,会造成骑车人的视觉障碍,从而引发机动车与非机动车之间的交通事故。因此,夜间在窄路、窄桥与非机动车会车时,应当使用近光灯,如图2-77所示。

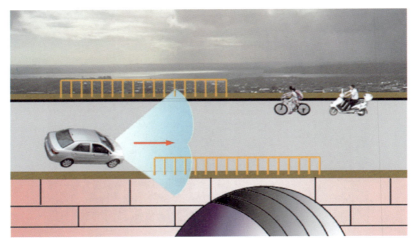

图2-77　窄路窄桥遇非机动车使用近光灯

7. 夜间会车时车灯的使用

夜间会车时如果使用远光灯，强光直射对方驾驶人的眼睛，会造成对方驾驶人因眩目而视觉模糊。因此，机动车在夜间会车时，应当在距相对方向来车150米以外改用近光灯，如图2-78所示。

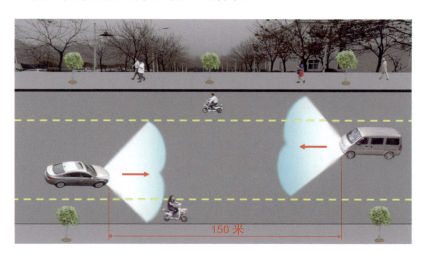

图2-78 距对面来车150米以外改用近光灯

8. 夜间尾随前车时灯光的使用

如图2-79所示，为了避免因后车的强光照射导致前车驾驶人眩目，同方向行驶后车与前车距离比较近时，后车不得使用远光灯。

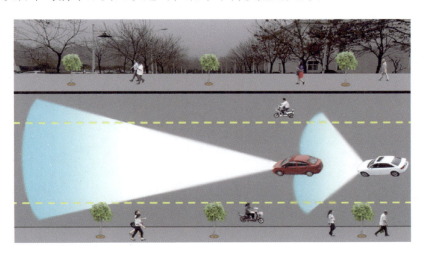

图2-79 近距离跟车时应使用近光灯

9. 夜间超车时车灯的使用

汽车在夜间行驶，当需要超越前车时，应当开启左转向灯，同时变换使用远、近光灯，待前车让出超车路面之后，从前车的左侧超越，如图2-80所示。

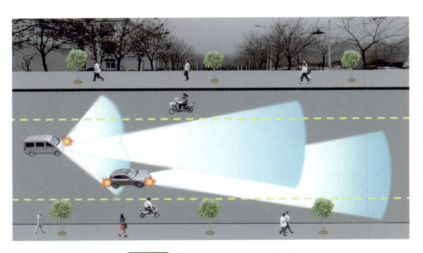

图2-80 夜间超车时灯光的使用

Chapter 02

第二篇
防御性驾驶技能篇

第三章 城市道路及高速公路防御性驾驶

第一节 • 城市道路防御性驾驶

一、近距离跟车防追尾

在城市交通拥挤的路段，车辆行驶缓慢，时走时停，就算是保持2秒的跟车距离，也会给其他车辆提供加塞的条件。有时甚至只能保持不到1秒的距离，这样小的跟车距离是无法采用读秒方式的。在这种情况下，我们可以在挡风玻璃下缘设置参照点，以便准确控制跟车距离。

以普通三厢轿车为例，如图3-1所示，当车距为30米时，车体在挡风玻璃的视窗中占据的面积很小。

当车距较近时，看到的车体比较大。如图3-2所示，能看到前车后轮胎下缘时，车距为3～4米。

图3-1 从远处看正前方的车

图3-2 看到前车后轮胎下缘

如图3-3所示，能看到前车后保险杠下缘时，车距为2～3米。
如图3-4所示，能看到前车后保险杠上缘时，车距为1米左右。

图3-3 看到前车后保险杠下缘

图3-4 看到前车后保险杠上缘

二、车辆掉头禁忌

车辆掉头地点如果选择不当，很可能会造成交通阻塞，会因交通违法行为招来罚单，甚至导致交通事故。因此，防御性驾驶人必须要明确哪些地点不允许车辆掉头。

如图3-5～图3-12所示，机动车在有禁止掉头或者禁止左转弯标志、标线的地点以及在铁路道口、人行横道、桥梁、急弯、陡坡、隧道或者容易发生危险的路段，不得掉头。

图3-5 有禁止掉头标志的地点不得掉头

图3-6 有禁止左转弯标志或标线的地点不得掉头

防御性驾驶全攻略

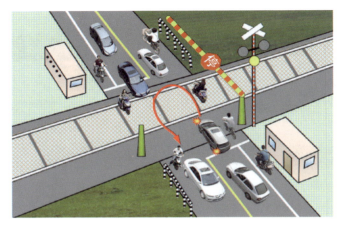

图3-7 在铁路道口不得掉头

图3-8 在人行横道不得掉头

图3-9 在桥梁上不得掉头

图3-10 在急弯处不得掉头

图3-11 在陡坡处不得掉头

图3-12 在隧道口和隧道内不得掉头

三、低速进出地下停车场

由于种种原因,我们在开车进出地下停车场以及在地下停车场内行驶时,要有一定的防御意识。

地下停车场的进出口过道有较陡的坡道,车辆进入地下停车场时要下陡坡,假如事先没有降低车速,在重力的作用下,车辆就会因车速过快而带来发生危险的隐患。

如图3-13所示,地下停车场的进出口处安装有减速丘。如图3-14所示,地下停车场内的过道也安装有减速丘,车辆只有低速行驶才能平稳通过减速丘。

图3-13 地下停车场进出口处的减速丘

图3-14 地下停车场过道的减速丘

如图3-15所示,地下停车场的路网纵横交错,车辆进入地下停车场之后,驾驶人要注意观察地面的导向箭头,注意地面上方的指示标志,要寻找合适的停车位,要避让进出车位的车辆,要避让寻找电梯口的行人,在这样复杂的情况下,驾驶人必须做到注意力集中和注意力的合理分配,要做到这些,就必须要降低车速,给自己留出运筹的时间。

车辆在驶出地下停车场时,弯道多,随时都会有视线盲区,到达地下停车场的出口前,车辆处于上陡坡的行驶状态,观察路面情况困难,车辆操作难度增大。如图3-16所示,在地下停车场的出口处要进行车辆牌照识别或收取停车费用,驾驶人更要做好降低车速和停车的准备。

图3-15 地下停车场内的标志

图3-16 停车场出口要验车或收费

四、超车禁忌

防御性驾驶注重超车规则。如图3-17所示,要从前车的左侧超车,不可从前车的右侧超车,这是超车的基本规则。

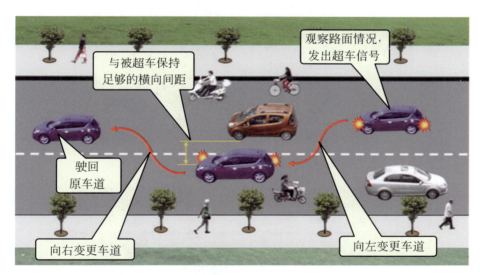

图3-17 从左侧超车

许多交通事故是由于超车不当引起的,哪些情形不宜超车呢?

1. 不要超越开启左转向灯的车

如图3-18～图3-20所示的情形,在前车已经开启左转向灯时,后车不可超越前车,否则很可能会发生车辆碰撞事故。

防御性驾驶全攻略

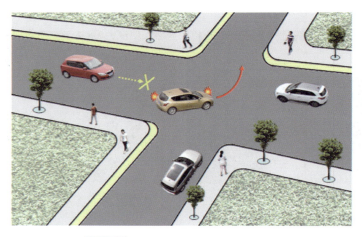

图3-18 前车正在左转弯时不要超车

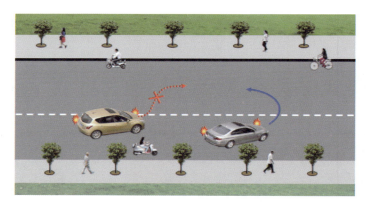

图3-19 前车正在掉头时不要超车

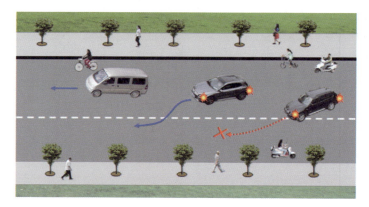

图3-20 前车正在超车时不要超车

2. 不要在情况复杂的地点超车

如图3-21～图3-26所示的情形，在行经交叉路口、弯道、隧道、人行横道、铁路道口、窄桥、市区交通流量大的路段等交通情况复杂的地点，不可超越前车，否则可能会发生交通事故。

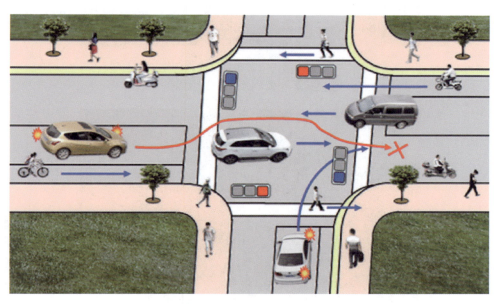

图3-21　不要在交叉路口处超车

图3-22　不要在弯道处超车

图3-23　不要在隧道口和隧道内超车

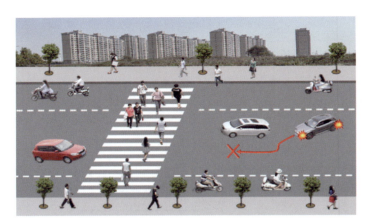

图3-24　不要在人行横道附近超车

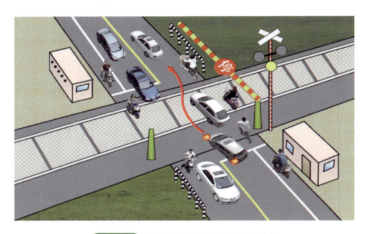

图3-25　不要在铁路道口附近超车

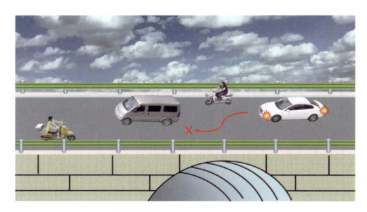

图3-26　不要在窄桥上超车

如图3-27所示，在上下坡的路段施划有道路中心虚实线。车辆在陡坡路段行驶，要注意观察路面上的交通标线，上坡路段视距受限，难以观察对面是否有来车，应该靠道路右侧行驶，不可越过道路中心线超车，以免发生迎面撞击的交通事故。

图3-27　不准在中心虚实线的实线一侧超车

3.不可超越执行紧急任务的汽车

不可超越执行紧急任务的警车、消防车、救护车、工程救险车。

以上这些执行紧急任务的车辆，需要争分夺秒，在最短的时间内赶到现场，因此车速本来就比较快，超越这些车辆势必会发生超速行驶的交通安全违法行为。

五、防御性策略在让超中的运用

超车与被超车的双方，被超车一方处于"战略防御"地位。为了防止与对方接触，被超车一方发现后车发出超车信号，在前方一定距离内的路面无动态和静态障碍、对面无来车的情况下，应当为后车提供超车的便利条件，降低车速，同时靠右让路，必要时还可以开启右转向灯，示意后车超越。

从防御的角度考虑，被超车一方应当根据当时的路面情况确定是否让后车超越，由于让超不当而发生交通事故的情况并不鲜见。

如图3-28所示，A车前方有自行车，驾驶人打算降低车速从自行车的左侧绕行，但同时又发现后方尾随的B车驾驶人开启左转向灯欲超车，是加速超越前方的自行车，还是减速让后方的B车超越呢？A车驾驶人面对这两种交通情况犹豫不决。

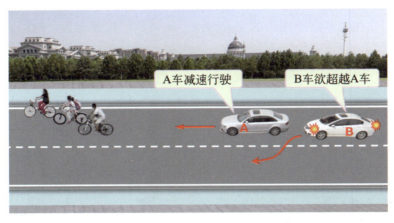

图3-28　A车驾驶人面临两难选择

B车跟随A车，B车驾驶人见A车减速（见图3-28），认为A车驾驶人做出了让超的意识表示，于是决定超越A车。如图3-29所示，在B车将要超过A车的时候，A车已经靠近前方的自行车。

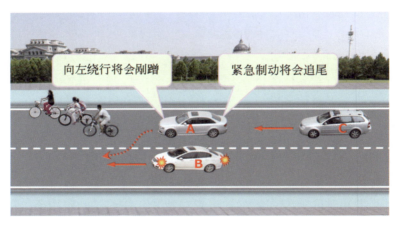

图3-29　三方均处于危险态势

假如A车紧急制动，有可能与C车发生追尾事故；假如A车驾驶人向左打方向绕过前方的自行车，有可能与B车发生刮蹭事故。驾驶经验不足的新手比较容易出现此类让超不当的情况。

以上的A车、B车、C车均处于危险状态的局面，就是因为A车驾驶人对距离和速度的判断失误。好心让超，其实办了坏事，于人于己都不利。这一切都是由于A车驾驶人消极的汽车驾驶防御行为所造成的。

如图3-30所示，当初，A车前方有自行车，B车驾驶人因视线受阻未能观察到前方的自行车而发出了超车信号。A车驾驶人在发现B车要超车时，不仅不应该让超，而且应该立即开启左转向灯，并适当向左修正行驶路线，一方面有利于避开前方的自行车；另一方面也可以及时打消B车驾驶人的超车念头，这是一种积极的汽车驾驶防御行为。

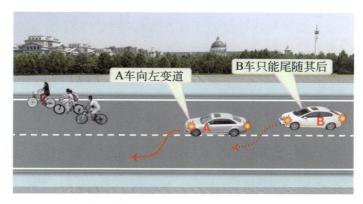

图3-30 打消B车驾驶人的超车念头

类似的情况，如图3-31所示，在与对面来车有会车可能的情况下，如果B车驾驶人发出超车信号，A车驾驶人不仅不应该靠右让超，在必要时甚至可以开启左转向灯，示意B车驾驶人不要超车；B车驾驶人如果发现对面有来车，应该主动取消自己的超车念头，以避免因违规超车而酿成交通事故。在这一过程中，A车驾驶人"开启左转向灯"的举动，就属于积极主动的汽车驾驶防御行为。

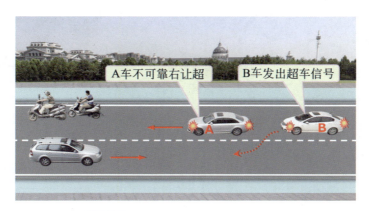

图3-31 开左转向灯提示后车不可超车

不该超车的时候超车，有可能会引发交通事故；不该让超的时候让行，也会引发交通事故。

前车为后车让超，不仅要体现文明礼貌的精神，也要讲究原则和策略。在不具备超车条件的情况下为后车让超，反而不利于交通安全。

六、敬畏公交车和校车

公交车和校车是法律赋予优先通行权的两类车，防御性驾驶人应当对这两类车心怀敬畏之心。

1.不要跟随公交车过近

如图3-32所示，在通过有交通信号灯的路口时，尾随大型公交车过近，容易误闯禁行标志或误闯信号灯。

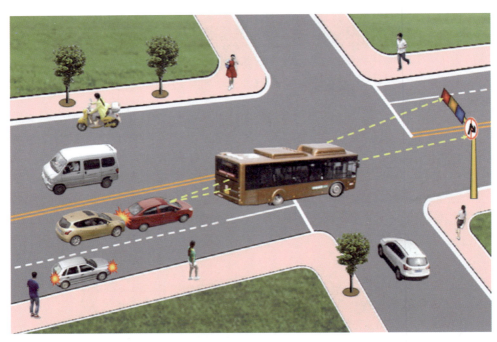

图3-32　不便于观察交通信号灯和交通标志

2.公交站点要留神

如图3-33所示，在公交车停靠站的路段，非机动车会绕道进入机动车道，上下车的乘客还会横穿道路。在该路段，过往的机动车要谨慎慢行，注意避让过往的非机动车和行人。假如因公交车占道无法通过时，要停车等候。

图3-33　公交车站点

3. 避让校车

校车在上下学生时，会开启危险报警闪光灯，打开停车指示标志，停在道路的右侧。此时，后方驶来的车辆可以超越路边上下学生的校车吗？

2016年4月1日开始实施的公安部第139号令规定，驾驶机动车不按照规定避让校车的，一次记6分。

什么是"按照规定避让校车"呢？国务院2012年4月发布的《校车安全管理条例》第三十三条对此有明确规定。

如图3-34所示，校车在同方向只有一条机动车道的道路上停靠时，后方车辆应当停车等待，不得超越。

图3-34　同方向只有一条机动车道

如图3-35所示，校车在同方向有两条以上机动车道的道路上停靠时，其停靠车道后方和相邻机动车道上的机动车应当停车等待，其他机动车道上的机动车应当减速通过。

（a）同方向有两条机动车道

（b）同方向有两条以上机动车道

图3-35　避让校车

七、通过有信号灯的交叉路口

1. 减速及选择车道

如图3-36所示，在通过有信号灯控制的交叉路口之前，应该距路口30～100米的距离就放松加速踏板，让车辆平稳地减速。

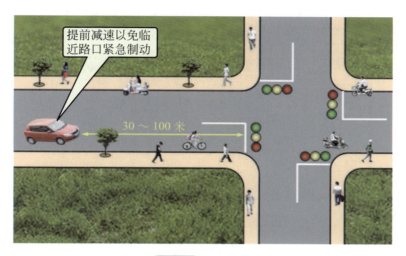

图3-36　提前减速

如图3-37所示，车辆行驶在同方向有两条以上机动车道的道路，驾驶人要注意观察地面上施划的导向箭头标记、道路上方悬挂的导向车道标志。

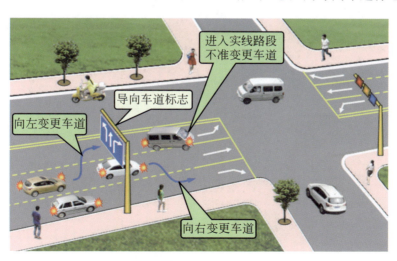

图3-37　选择需要的车道

2. 驶入路口讲究先来后到

如图3-38所示,左右方向绿灯放行时,受左转弯车辆A的阻挡,后方直行车辆B在绿灯时段未能驶离路口。

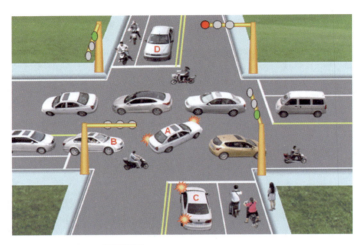

图3-38　A车左转导致B车受阻

如图3-39所示,随后左右方向绿灯熄灭,红灯点亮,上下方向绿灯点亮,C车越过停止线之后,与B车交叉,在通过交叉点时,哪一方车辆应该让行?

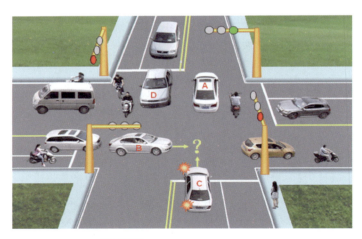

图3-39　C车与B车哪一方让行

B车、C车都是在绿灯点亮的时段进入交叉路口的,但是,B车是在上一轮绿灯进入交叉路口的,所以,C车应当让先进入交叉路口的B车优先通行。

假如C车不让B车先行，将会导致路口堵塞，如图3-40所示。

图3-40 后灯不让前灯导致路口堵塞

在以上过程中，人们把第一轮绿灯称为前灯，把第二轮绿灯称为后灯。后灯让前灯是确保路口通行秩序的准则，也是认定路口交通事故责任的依据。

把后灯让前灯的准则进一步延伸，前一个绿灯时段进入路口的车辆没有驶离路口时，后一个绿灯时段不准车辆驶入路口。

如图3-41所示，如果某一个方向的出口车道出现车辆滞留的情况，其他方向准备进入该车道的车辆，应该在路口之外停车等候。

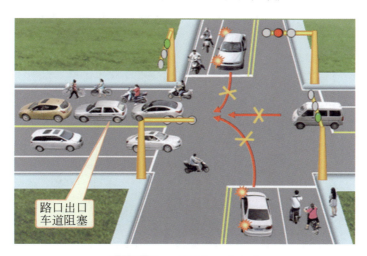

图3-41 不准进入阻塞车道

八、通过无信号灯的交叉路口

车辆行经无信号灯的交叉路口时，驾驶人要注意行驶路线和让行规则。

1. 车辆右转弯行驶路线

汽车在交叉路口右转弯时，应该注意左侧是否有来车，在确保安全的前提下，沿着道路的右侧转弯，这样可以减小与横向来车的运动干涉，如图3-42所示。

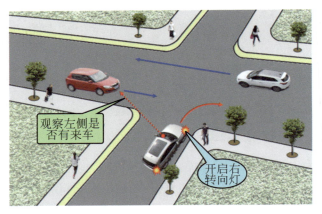

图3-42 向右转小弯

2. 车辆左转弯行驶路线

如图3-43所示，在施划有道路中心圈的交叉路口，汽车左转弯，要靠近中心圈左侧行驶。

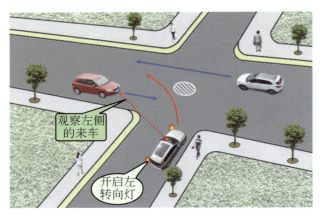

图3-43 靠近中心圈左侧行驶

如图3-44所示，在没有施划道路中心圈的交叉路口，汽车左转弯要沿着交叉路口稍微靠右的路线转大弯行驶。

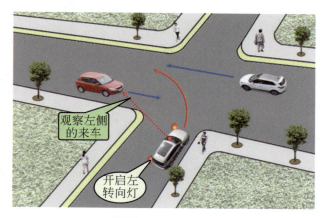

图3-44　向左转大弯

3.直行车相互间的让行

在没有交通信号灯、交通标志、交通标线控制的交叉路口，不同方向行驶的汽车在交叉路口相遇时，要让右边的来车优先通行，如图3-45所示。

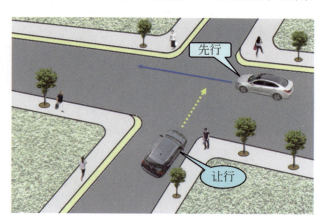

图3-45　让右边的来车先行

如图3-46所示，来自三个方向的车辆同时相遇，如果让A车先行，B车等候，与A车相对方向的C车也可顺势通过路口，这样可以保障路口的安全与畅通。

如图3-47所示，如果各个方向都有来车，哪个方向的车辆应该先行呢？

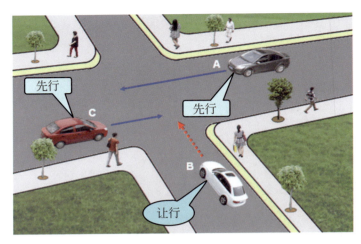

图3-46 通行顺序与方便多数

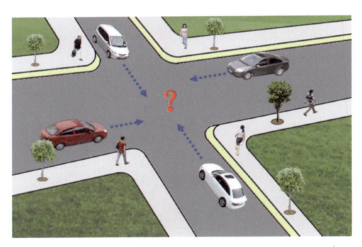

图3-47 哪个方向的车辆应该先行

处于这种复杂的交通情况，各个方向的车辆驾驶人都应该加强防御意识，减速慢行。如果不慎发生车辆碰撞事故，各方事故车辆都要承担不履行安全义务的交通事故责任。

4. 转弯车与直行车相互间的让行

在没有交通信号灯、交通标志、交通标线控制的交叉路口，不同方向行驶的汽车在交叉路口相遇时，右转弯或者左转弯的车辆要让直行通过交叉路口的车辆优先通行，如图3-48所示。此项规则，也适用由红、黄、绿三色信号灯控制的交叉路口。

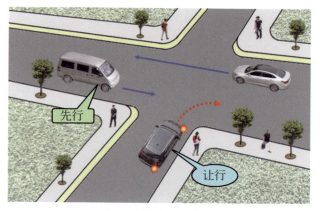

（a）右转车让左侧直行车

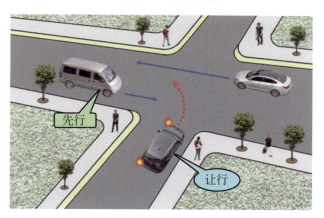

（b）左转车让左侧直行

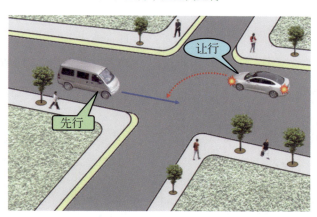

（c）左转车让相对方向直行车

图3-48 转弯让直行

5. 左转车与右转车相互间的让行

如图3-49所示，在没有交通信号灯控制的交叉路口，相对方向行驶的右转弯的机动车让左转弯的机动车、非机动车优先通行。此项规则，也适用由红、黄、绿三色信号灯控制的交叉路口。

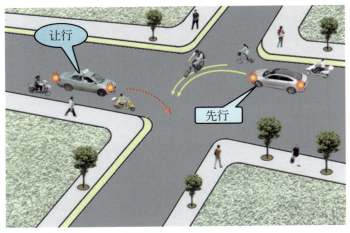

图3-49 右转让左转

6. 右道车与本道车的让行

根据《道路交通安全法实施条例》第五十二条第二项的规定，机动车通过没有交通信号灯控制，也没有交通警察指挥的交叉路口，没有交通标志、标线控制的，在进入路口前停车瞭望，让右方道路的来车先行。

"让右方道路的来车先行"可分为以下三种情形。

① 右道车直行，本道车直行或者转弯时，本道车让右道车先行，如图3-50所示。

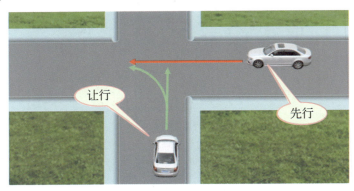

图3-50 本道车直行或转弯让直行的右道车

② 右道车转弯，本道车也转弯时，本道车让右道车先行，如图3-51所示。

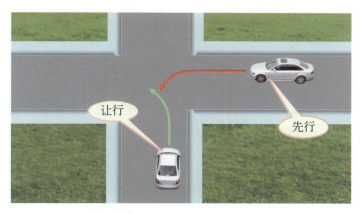

图3-51 同为转弯车让右道车先行

③ 右道车转弯，本道车直行时，右道车让本道车先行，如图3-52所示。

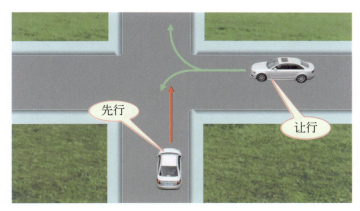

图3-52 转弯的右道车让直行的本道车

综上所述，第一种和第二种情形，右道车先行；第三种情形，本道车先行。

7.环形路口通行规则

如图3-53所示，准备进入环形交叉路口的车辆，要让已经在环形交叉路口内行驶的车辆优先通行。进入环形交叉路口时不应开启转向灯。驶离环形交叉路口时，应当开启右转向灯。环形交叉路口内的车辆只能围绕环岛逆时针行驶，不可为了抄近道而顺时针行驶。

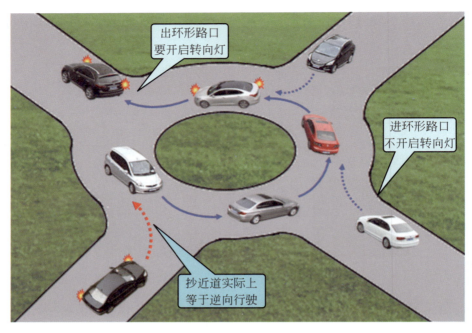

图3-53 通过环形交叉路口

九、不要犯违停错误

不按规定停车，或者停车地点选择不当，会影响其他车辆、行人的正常通行，甚至引发交通事故，有些乱停乱放的车辆还会被他人恶意损毁，因违停被罚款、记分的情况屡见不鲜。尤其是在市区道路停车，更要加强防范。

1.不得停车的路段

如图3-54所示，在设有禁停标志、标线的路段，在机动车道与非机动车道、人行道之间设有隔离设施的路段，以及人行横道、施工地段，不得停车。

（a）有禁停标志或标线的路段

（b）有隔离设施的路段

（c）人行横道

（d）施工地段

图3-54 不得停车的路段

2. 50米以内不得停车的地点

如图3-55所示，交叉路口、铁路道口、急弯路、宽度不足4米的窄路、桥梁、陡坡、隧道以及距离上述地点50米以内的路段，不得停车。

（a）交叉路口

（b）铁路道口

图3-55

（c）急弯路

（d）不足4米的窄路

（e）桥梁

（f）陡坡

（g）隧道

图3-55 50米以内不得停车

3. 30米以内不得停车的地点

如图3-56所示，公共汽车站、急救站、加油站、消防栓或者消防队（站）门前以及距离上述地点30米以内的路段，除使用上述设施的以外，不得停车。

（a）公共汽车站　　　　　　　　　（b）急救站

（c）加油站　　　　　　　　　（d）消防栓或者消防队（站）门前

图3-56　30米以内不得停车

第二节 ● 高速公路防御性驾驶

一、法定的新手防御性驾驶

为了防止新手在高速公路上驾驶车辆发生交通事故，我国道路交通安全法规定，获取驾驶证不足一年的新手，驾驶机动车上高速公路行驶，应当由持相应或者更高准驾车型驾驶证三年以上的驾驶人陪同。其中，驾驶残疾人专用小型自动挡载客汽车的，可以由持有小型自动挡载客汽车以上准驾车型驾驶证的驾驶人陪同，见表3-1。

表3-1　新手陪驾

实习驾驶人准驾车型	陪同驾驶人准驾车型
A1	A1
A2	A2
A3	A1、A3

续表

实习驾驶人准驾车型	陪同驾驶人准驾车型
B1	A1、A2、B1
B2	A1、A2、B2
C1	A1、A2、A3、B1、B2、C1
C2	A1、A2、A3、B1、B2、C1、C2
C5	A1、A2、A3、B1、B2、C1、C2、C5

二、驶入高速公路

1.通过高速公路收费站

如图3-57所示，高速公路收费站广场施划有若干减速标线，车辆通过收费站广场时要平稳减速。

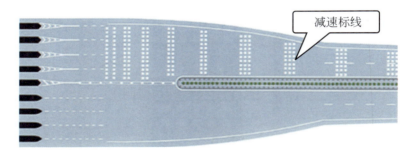

图3-57　收费站广场减速标线

如图3-58所示，车辆在进入收费站之前，要注意观察通道上方的交通信号灯和交通信息告示板，以免误闯交通信号灯，或者因为不了解高速公路的临时规定而发生交通安全违法行为。

2.驶入高速公路车行道

如图3-59所示，车辆通过收费站之后，便进入加速车道。进入加速车道之后，应开启左转向灯，迅速将车速提高到每小时60千米以上，要注意观察左侧的车行道有无来车。在不妨碍车行道内车辆正常行驶的情况下，平顺地驶入车行道。

图3-58 注意信号灯和告示板

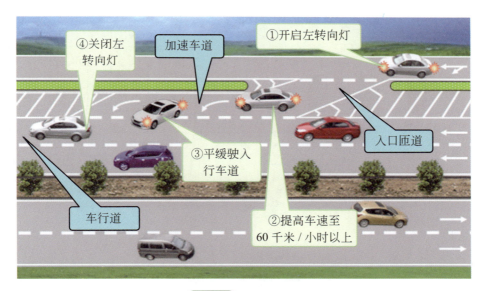

图3-59 驶入车行道

不准未经提速就进入车行道，不准跨越加速车道与车行道之间的实线直接进入车行道。

三、高速公路的跟车距离

车辆在高速公路上行驶，当车速超过每小时100千米时，应该与前车保持100米以上的跟车距离；当车速低于每小时100千米时，与前车的跟车距离可以适当缩短，但最小间距不得少于50米。

如图3-60所示，为了便于驾驶人准确目测跟车距离，在高速公路的入口路段设有确认跟车距离的交通标志和交通标线，驾驶人可利用这些标志、标线来验证与前车的跟车距离。

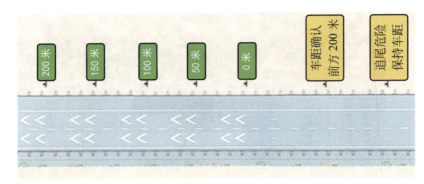

（a）车距确认线（白色折线）

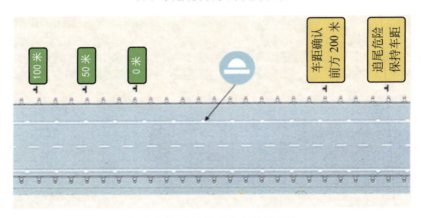

（b）车距确认线（白色半圆状）

图3-60　确认跟车距离

四、车道与车速

高速公路对车速的限制包括两个方面：一是对不同车辆的时速限制；二是对不同车道的时速限制。

1. 高速公路对不同车辆的限速

高速公路最高时速的限制，对于不同类型的机动车来讲，是有所区别的，见表3-2。

表3-2 不同类型车辆最高时速限制

车辆类型	最高时速/千米
小型载客汽车	120
其他机动车	100
摩托车	80

车辆在高速公路上行驶，正常情况下，最高车速不得超过每小时120千米，最低车速不得低于每小时60千米。

2.高速公路对不同车道的限速

高速公路的车道分布及不同车道限速如图3-61所示。

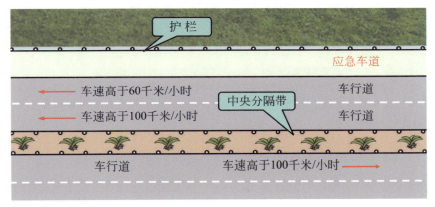

（a）同方向有2条车行道

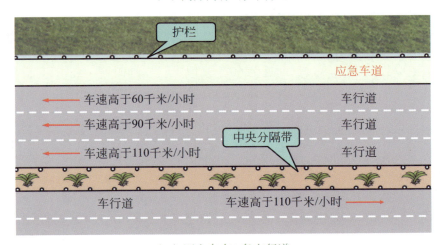

（b）同方向有3条车行道

图3-61

防御性驾驶全攻略

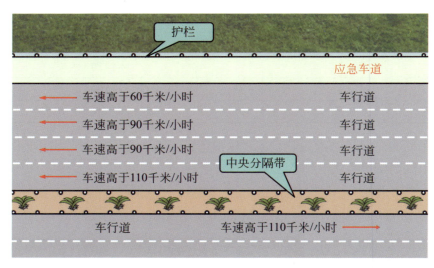

（c）同方向有4条车行道

图3-61 高速公路的车道分布及不同车道限速

驾驶机动车在高速公路上行驶，要根据车辆类型和当时的行驶速度来选择相应的车行道。

五、高速公路的安全车速

在普通道路上驾驶车辆，人们认为"十次肇事九次快"，尤其是繁华的市区道路，机动车、非机动车、行人相对运动速度悬殊，交通情况复杂，为了避免交通事故的发生，驾驶人必须要严格控制车速。

然而，假如把普通道路的安全驾驶经验照搬到高速公路上，是否适用呢？

高速公路规定车辆最低时速为60千米以上，这种时速，在市区道路可算得上是高速行驶了！由此可见，车速的快慢，高速公路与普通道路存在很大的反差。

高速公路的平均时速大致为100千米。低于平均时速，将处于频繁的被超车状态，这是不利于行车安全的，尤其是车速突然降低，在高速公路上被其他车辆追尾的可能性较大。高于平均时速，一路忙于超车，风险更大。防御性驾驶认为，在高速公路上行驶"随波逐流"不失为安全对策。

"随波逐流"不是绝对的。在高速公路上行驶，不可长时间尾随高大的汽车。小轿车尾随车体庞大的汽车，会增大视线盲区，若发生追尾事故，造成的伤害往往更加惨重，如图3-62所示。

图3-62 轿车与大货车追尾

正常情况下,高速公路的最低限速为每小时60千米,但是,在遇到雾、雨、雪、沙尘、冰雹等不良气候,能见度不足200米的时候,车辆的最高行驶速度不得超过每小时60千米。当能见度不足100米的时候,车辆的最高行驶速度不得超过每小时40千米。当能见度不足50米的时候,车辆的最高行驶速度不得超过每小时20千米,并且要在距高速公路最近的出口驶离高速公路。

六、不可随意进入应急车道

如图3-63所示,高速公路最右侧的车道为应急车道。应急车道是为车辆在高速公路上发生故障需要临时停车,或者当交通堵塞时为执行紧急任务的车辆专门设置的车道,不属于以上情况的车辆不得驶入应急车道。

图3-63 高速公路应急车道

高速公路以及城市快速公路，车速快，交通流量大，一旦发生连环追尾或重大伤亡的交通事故，极有可能导致交通堵塞。此时，事故现场需要立刻清理疏通，受伤人员需要立刻抢救。在这种危急时刻，警车、消防车、救护车、道路清障车需要尽快到达交通事故现场抢救伤员、清理现场，应急车道就会成为生命线。

七、驶离高速公路

如图3-64所示，为了让驾驶人了解高速公路的出口信息，以便提前做好驶离高速公路的思想准备，在距高速公路出口2千米的地点开始设置出口预告标志。如果车辆准备在前方出口驶离高速公路，见到此标志就应该在右侧的车行道内行驶。随后的时间内不可再超车，否则就很可能会错过前方的出口。在距出口500米处，要开启右转向灯，进入减速车道之后，应该平稳地将车速降低到每小时60千米以下。

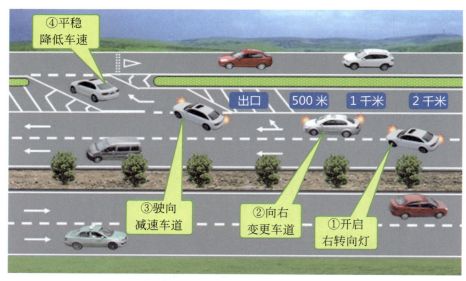

图3-64 开右转向灯驶离高速公路

在驶入高速公路之前，应该事先了解高速公路途经的路线。驶入高速公路之后，要注意观察指路标志。如果在分叉口选错了行驶路线，或者错过了高速公路出口，不允许倒车、逆行、掉头，不允许停车问道，只能继续向前行驶，在下一个出口驶离高速公路。在高速公路的出口处，距离收费站不远的地点设有专供车辆掉头的缺口，可以利用这一部位掉头返回高速公路，然后在预定的高速公路出口驶离高速公路。

如果车辆在高速公路上行驶错过了预定的出口，相距下一个出口还有较远的路程，可以继续向前行驶，进入前方的高速公路服务区，利用高速公路服务区的下穿通道到达高速公路的另一侧，在高速公路的另一侧寻找预定的出口。

八、高速公路安全事项

1. 加足燃油

高速公路是全封闭、全立交的快速通道，车辆进入高速公路行驶，如果因燃油不足而中途停车，非常容易发生追尾相撞的交通事故；由于缺少燃油在高速公路上被迫停车，要取得他人的帮助也是非常困难的，因为在高速公路上不得拦截过往车辆牵引故障车或事故车。所以，在进入高速公路之前，一定要查看油箱内燃油的储量，确保油箱内有足够的燃油储量。

2. 在高速公路上发生车辆故障及交通事故的处置

车辆在高速公路上行驶途中，因车辆发生故障需要停车检修时，驾驶人应当立即开启危险报警闪光灯，车辆能够移动的，要迅速将车辆转移至右侧的应急车道内。无论车辆是否能够移动，驾驶人都应当让车内人员迅速转移到右侧路肩上或者应急车道内，并在距故障车来车方向150米以外的地点设置警告标志，如图3-65所示。

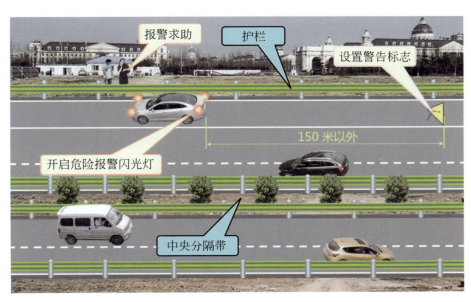

图3-65　开启危险报警闪光灯并设置警告标志

防御性驾驶全攻略

机动车在高速公路上发生故障或者交通事故，无法正常行驶的，应当迅速拨打122交通事故报警电话，请求援助或处理事故。故障车或事故车应当由救援车、清障车进行拖曳、牵引。

3. 高速公路使用转向的技巧

车辆在高速公路上行驶，会有转动转向盘阻力非常小、转向特别灵敏的感觉，人们把这种现象称为转向发飘。

为什么车辆在高速行驶中会有转向发飘的感觉呢？

如图3-66所示，从横断面看飞机的机翼，上面呈抛物状，下面是平滑的，当空气流经机翼时，机翼上面的空气流速快，下面的空气流速慢。由于空气的流速与压力成反比，所以，机翼上面的气压低，机翼下面的气压高，于是机翼上面和下面便产生压力差，在压力差的作用下，将机翼向上托起。

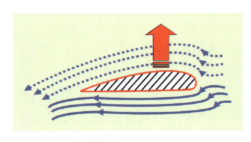

图3-66 机翼的升力

图3-67 汽车高速行驶产生举升力

如图3-67所示，轿车的车身从侧面看，类似飞机机翼的断面形状。因此，在汽车高速行驶的时候，会产生向上的举升力，造成车辆行驶失控，这就是人们驾驶车辆在高速行驶的时候感到转向发飘的原因。因此，转动转向盘的时候，不能猛打猛回，否则，强大的离心力会影响汽车行驶的横向稳定性，甚至会导致侧滑、翻车等危险。

4. 在高速公路上使用制动的技巧

车辆处于高速行驶的状态，轮胎与地面的附着力降低，地面又不可能绝对平整，若使用紧急制动，很容易出现车辆的跑偏、侧滑，还有可能导致后车追尾相撞的交通事故。

在高速公路上行驶，如果需要车辆减速，应该松开加速踏板，断续踩下制动踏板，采用点刹车（间断踩下、放松制动踏板）的方法减速，可以防止因制动导致的车辆失控，制动灯的闪烁也能提醒后车及时减速。

5.高速公路行车消除乏味感的技巧

高速公路不允许行人和非机动车进入，因此，不存在行人突然横穿车行道的横向运动干扰；高速公路属于单向交通，不存在会车的纵向运动干扰；高速公路上行驶的车辆，不仅横向和纵向运动干扰少，而且路面平坦，通常情况下高速公路很少有陡坡和急弯，车辆行驶速度平稳。所以，在高速公路上行驶的车辆，转向、制动、换挡等操作动作较少。

以上这些有利于交通安全的道路交通情况，体现了高速公路的优越性，大大降低了汽车驾驶人的劳动强度。然而，也正是因为在高速公路行驶遇到的交通情况简单，能够刺激驾驶人大脑的外界信息少，所以长时间在这样的环境中驾驶车辆，就会让汽车驾驶人感到单调乏味，进而引发疲倦和睡意。

假如长时间在高速公路上行驶，驾驶人可采取一些刺激措施，如嚼口香糖、放音乐、将天窗打开一些等。

6.高速公路驾驶禁忌

《道路交通安全法实施条例》第八十二条规定，机动车在高速公路上行驶，不得有下列行为。

① 倒车、逆行、穿越中央分隔带掉头或者在车道内停车。
② 在匝道、加速车道或者减速车道上超车。
③ 骑、轧车行道分界线或者在路肩上行驶。
④ 非紧急情况时在应急车道行驶或者停车。
⑤ 试车或者学习驾驶机动车。

第四章　不同季节及不良气候防御性驾驶

第一节　不同季节防御性驾驶

一、冬季防御性驾驶

1. 冬季启动发动机的技巧

寒冷的冬季气温低，燃油不易蒸发气化，蓄电池的供电能力弱，发动机内部的润滑油变得黏稠，启动阻力增大，这些都会导致冬季启动车困难，如果再操作不当，发动机更是难以启动。

假如在启动发动机时，将加速踏板完全踩下或者反复踩加速踏板，往往会使启动控制系统的溢油消除功能起作用，从而导致喷油器不喷油，造成不能启动。

如图4-1所示，在启动自动挡汽车的时候，必须将变速杆置于P挡或N挡，否则将无法启动发动机。如果变速杆在行驶挡位，例如R挡、D挡、2挡、L挡等挡位，发动机是不能启动的。

（a）P挡

（b）N挡

图4-1　启动发动机的挡位

有些汽车的点火开关设有防止二次启动功能，假如第一次启动不成功，需要重新启动时，必须先将点火开关钥匙转回到关闭位置，然后再进行第二次启动。

起动机工作时，需要几十乃至几百安培的大电流，如果使用不当，很容易造成蓄电池和起动机的损坏。因此，要严格按照操作规程使用起动机。

① 要注意保持蓄电池处于良好的技术状态，当发现蓄电池存电不足时，要及时对蓄电池进行补充充电。

② 每次接通起动机的时间不宜超过5秒，连续5次不能启动发动机，应该查明原因后再进行启动。

③ 启动发动机，如果是手动挡汽车，应该踩下离合器踏板，并将变速杆挂入空挡；如果是自动挡汽车，应该踩下制动踏板，并将变速杆挂入停车挡或空挡。

④ 当发动机启动之后，要立即放松点火开关钥匙，使起动机及时退出工作。在发动机正常运转时，严禁接通起动机。

2. 亏电车的搭接启动

在蓄电池电力不足的情况下，手动挡汽车可以用其他车辆拖动，或者用人力推动的方法使发动机启动。但是，自动挡汽车采用这种方法是无法启动发动机的。因为，自动挡汽车在发动机熄火时，自动变速器的油泵不能提供液压，行星齿轮变速器中的离合器、制动器无法进入接合或制动状态，变速器中的行星齿轮只是空转，不能传递动力。尽管通过拖车或人力推车的方法可以使变速器输出轴转动，但是不能带动发动机的曲轴转动。所以，发动机是不能启动的。

自动挡汽车在蓄电池电力不足的情况下，需要启动发动机，可以采用搭接启动的方法。搭接启动的电缆如图4-2所示，可以自己制作，也可以在汽车配件市场购买。

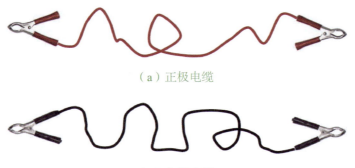

(a) 正极电缆

(b) 负极电缆

图4-2 搭接启动的电缆

如图4-3所示,救援车必须与亏电车的标称电压相同(汽油车为12伏,柴油车为24伏)。

图4-3 搭接启动

救援车与亏电车的蓄电池采取并联的方式。首先用一根电缆将两车蓄电池的正极相连,再用另一根电缆将两车蓄电池的负极相连。启动之前,要将救援车、亏电车上与发动机启动无关的电器开关断开。

在亏电车启动时,要让救援车发动机保持中速运转。亏电车启动后,要让其发动机保持在稍高于怠速的状态下运转10分钟左右,以便向亏电车的蓄电池充电。随后可拆除搭接电缆。拆除搭接电缆时,应该在救援车、亏电车的发动机均熄火的状态下进行。

3.冰雪道路防止车轮打滑的技巧

汽车在冰雪道路上行驶,车轮容易打滑。特别是在汽车起步、爬坡时,驱动轮空转,尽管发动机能够提供强劲的动力,汽车却难以移动。

在冰雪道路上行驶,更能体现防御性驾驶人对不良气候的适应能力。为了防止车轮打滑,可以适当降低轮胎气压,以增加轮胎与地面的接触面积,增强轮胎的抓地能力。轮胎的气压降低之后,轮胎的滚动阻力以及变形量都会增大,因此,当汽车进入正常路面行驶时,应该把轮胎的气压恢复到正常值。

为了防止汽车在冰雪道路上行驶时车轮打滑,对于乘坐车来讲,如果是前轮驱动的汽车,要让乘员在汽车的前排就坐;如果是后轮驱动的汽车,要让乘员在汽车的后排就坐。

给汽车换上花纹粗大的越野轮胎,或者将原来的低压窄胎改装为超低压的宽胎,这样做能够收到一定的车轮防滑效果。

冰雪道路行驶，防止车轮打滑最可靠、最实惠的办法，当属在车轮上安装防滑链。

车辆侧滑是冰雪道路车辆发生交通事故的推手。因此，如果你愿意拿出足够的资金为所有车轮都购买防滑链，并且有充足的时间给所有的车轮安装防滑链，当然，这是最好不过的。

如果你所在的城市并非整个冬季都被冰雪覆盖，冬季只是在有限的时间内下几场雪，下雪之后市政公司会很快清除积雪，或者采取融雪措施，一个冬天下来，可能只有几天在冰雪道路上行驶，而且只是在上下班的路途用车，很少进行长途行驶。属于这种情况，则不一定非要把所有的车轮都安装上防滑链，只在驱动轮上安装防滑链即可。

防滑链固然可以提高车轮的防滑性能，但是，在冰雪道路上行驶，仍然要有防御意识。因为，并不是所有的车在冬季都会安装防滑链，要当心没有安装防滑链的车主动与你的车相撞，让你被动成为交通事故的当事人。

如果你只是打算在驱动轮上安装防滑链，对于轿车来讲，通常前轮是驱动轮；对于面包车来讲，通常后轮是驱动轮，如图4-4所示。

（a）轿车

（b）面包车

图4-4 给驱动轮安装防滑链

不要认为安装了防滑链车辆就可以在冰雪道路上放心地行驶了。过快的车速有可能让防滑链甩脱，防滑链对轮胎和路面都有一定的伤害。因此，安装防滑链之后，车速不可超过每小时30千米，而且车速要平稳，制动要柔和。在没有冰雪覆盖的路面，可以暂时取下防滑链。

4. 防止微型面包车在冰雪路面上打滑

微型面包车重量轻，在冰雪道路上行驶尤其容易打滑，特别是在冰雪道路上起步更容易出现后轮打滑空转的情况。

微型面包车大多为发动机前置后轮驱动的整体结构,在汽车空载的情况下,后轮对地压力小,容易打滑。如图4-5所示,为了提高后轮的抗滑能力,一方面可以在后轮上安装防滑链;另一方面可以设法增加后轮的负重,如让随车乘员乘坐在后排座椅上。

图4-5 增强面包车的抗滑能力

5. 车辆侧滑甩尾的处置技巧

车辆在冰雪、泥泞等湿滑道路上行驶,容易发生侧滑甩尾和摆头的现象。

如图4-6所示,假如后轮出现侧滑,造成车尾靠向路边,不可急踩刹车,不可猛打方向,那样会加剧车辆甩尾。应该放松油门,利用发动机制动降低车速,同时向侧滑甩尾的一侧平缓地转动转向盘,等到车身顺正之后,再逐渐驶向道路中间。

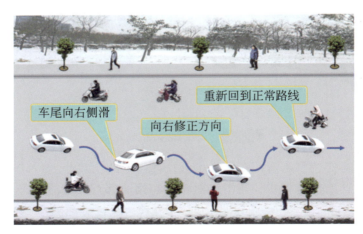

图4-6 处置侧滑甩尾

6. 车辆侧滑摆头的处置技巧

如图4-7所示,假如前轮出现侧滑,造成车头靠向路边,不可猛打方向修正，不可急踩刹车，否则会加剧车辆摆头。应该随即停车，然后向后倒车，让车身重新回到道路中间，再接着继续向前行驶。

图4-7 处置侧滑摆头

7. 冬季要防止刮水刷冻结

寒冷的冰雪天气，为了避免刮水刷冻结在挡风玻璃上，在收车之后，可以扳动刮水臂，让刮水刷离开挡风玻璃，如图4-8所示。

图4-8 让刮水刷离开挡风玻璃

二、夏季防御性驾驶

1. 炎热气候行车对驾驶人的影响

夏季驾驶人在高温下体力消耗大，天气炎热易导致夜间睡眠不足，情绪

防御性驾驶全攻略

烦躁。有些跑长途的车辆，驾驶人会选择在夜间行车。这些都会造成因精神疲倦而打瞌睡，影响安全驾驶车辆。

2. 炎热气候行车对车辆性能的影响

由于气温高，空气密度变小，降低了充气效率，导致发动机的功率下降。高温时发动机容易出现早燃和爆燃，破坏了发动机的正常工作，也会使机件承受额外的冲击载荷而造成早期损坏。

由于气温高，发动机的冷却系统容易因水温过高而"开锅"；液压制动系统因气阻而使制动不灵；轮胎因温度过高，气压上升而爆裂。

3. 夏季行车注意事项

夏季行车，要重点注意以下几个方面的问题。

（1）防暑防疲劳　夏季长途行车，可随车携带一些必要的用品，如防暑药物、遮光眼镜、毛巾、水壶等。出车前还应注意睡眠，以保持充沛的精力。夏季午后的一段时间内最为炎热，容易引起疲劳或瞌睡，假如条件许可，要尽量避开这段时间行车。如果行车中感到视线逐渐变得模糊，反应迟钝或心情烦躁的时候，不要再勉强开车，应当立即停车休息，或下车活动一下，待精神振作之后再继续行驶。

（2）防止发动机过热　行车中随时注意观察水温表，如果出现发动机水温过高的情况，可以选择阴凉地点停车，掀开发动机舱盖通风散热。注意保持散热器散热片的清洁，及时补充冷却液。散热器"开锅"的时候，应该停车让发动机运转片刻，然后熄火，等到温度下降之后再添加冷却液，否则容易出现活塞抱死在气缸内、激裂气缸体等严重后果。发动机温度过高的时候，不要拧开散热器盖，以免蒸汽冲出烫伤皮肤。

（3）防止轮胎爆裂　夏季，无论是水泥路面还是沥青路面，都被太阳晒得很热，汽车轮胎与地面接触也要承受这种高温；由于制动的使用，会使制动鼓和轮辋发热；再加上轮胎自身的摩擦，会使轮胎过热，轮胎内气体受热膨胀，当轮胎气压过高时就会出现轮胎爆裂的情况。因此，在夏季长距离行车的时候，中途要适当选择阴凉地点暂时休息一会儿，等到轮胎温度降低、胎压正常之后，再继续行驶，不能采取放气或浇凉水的方法来给轮胎降温。

（4）预防空调病　盛夏酷暑，在热浪滚滚的公路上行车，关闭车窗，开启车内的空调，密闭的车厢内便充满了凉爽的空气。然而，在人们享用这夏日车内的凉爽时，却渐渐感到疲倦乏力，继而出现不同程度的手足麻木、头痛、咽喉疼痛以及胃肠不适等症状，这就是空调病。为了预防空调病，在使用车内空调时，不要把制冷强度调得过大，要根据车外气温来调节车内空调的制冷强度，使车内外温差控制在8℃以内，最大不超过12℃，在这个温度范围内，人体的体温中枢就能灵活自如地进行调节。在车辆行驶中使用空调时，要把空调放在空气外循环的挡位，以确保车内充满新鲜的空气。如果路途堵车时使用空调，要将空调转换到空气内循环的挡位，以免发动机废气窜入车厢内。在汽车原地不动时，不要开启空调在车内打盹或睡眠，这是非常危险的。长时间在空调车内感到身体不适时，应该适时打开车窗通风，或者降低空调的制冷强度，在空调车内要增穿衣服，感到口渴时要注意饮水。

三、春秋季节防御性驾驶

春秋季节气候宜人，人们用春暖花开和秋高气爽来形容这两个季节。然而，正因为如此，才让人体出现春困秋乏的生理现象；春秋季节是短暂的，或者由冷变热，或者由热变冷，温差大，气候变换频繁，风、雨、雾时常出现。

为了确保春秋季节能够安全驾驶车辆，在春秋季节，汽车驾驶人平时要注意充沛的睡眠，要根据气温的变化增减衣服，注意身体的保暖；要根据气候的变化采取相应的安全对策，谨慎对待风、雨、雾等不良气候；要确保车况良好，根据实际需要对车辆进行换季保养。

第二节 • 不良气候防御性驾驶

一、雨天防御性驾驶

1. 突降暴雨要沉着应对

如图4-9所示，当阵雨、暴雨来临之际，风声呼啸，尘土飞扬，天空阴暗，为了避雨，非机动车驾驶人、行人慌不择路，四处奔跑，人车混为一团。在这种混乱的交通环境中，汽车驾驶人要能够表现出强者的风度，遇事不慌，沉着镇静，要有条不紊地按照规程操作车辆，充分

图4-9 不良气候考验驾驶人注意力分配的能力

体现驾驶人注意力分配的能力。

下雨之前,路面上覆盖着一些灰土。刚开始下雨时,路面上的灰土吸收雨水后形成了"润滑剂"。此时应该降低车速,谨慎驾驶,以免在突然遇到危险情况时,急踩刹车或猛打方向而出现车轮打滑或者车辆跑偏的现象。

2.雷雨天气防雷电

如果暴雨实在太猛无法行驶,不要贸然下车避雨,在车内避雨会更安全一些。因为,假如雷电击中汽车,电流会经车身表面传至地面,车内的乘员一般不会因雷电而发生意外。

在车内避雨要注意停车地点的选择,不要把车停在孤立的高地,不要在大树、高压线下方避雨,不要在变压器附近停车避雨,不要在有积水的地方避雨。

雷雨天气不要使用手机通话,应该关闭手机,以免手机引来雷电。

3.雨天车灯的使用

雨天空气湿度大,由于汽车驾驶室内外有温差,挡风玻璃朝向驾驶室的一面容易形成水雾,影响视线;滴落到挡风玻璃上的雨水也会妨碍驾驶人的视线。

雨天行车可以开启空调或暖风的鼓风机,吹散挡风玻璃内表面的水雾。开启刮水器,刮除挡风玻璃外表面的雨水。

图4-10 雨天临时停车开启危险报警闪光灯

雨天光线阴暗,可以开启汽车的前示位灯和后示位灯,以便提示过往的车辆、行人注意避让。必要时,还可以开启危险报警闪光灯,以增强提示效果。在阴暗的雨天行车,如果能见度较低,还可以开启汽车的近光灯,以便观察车外情况。

如图4-10所示,雨天在路边临时停车时,要开启危险报警闪光灯。

4.雨天制动和转向的使用

雨天视线不良,路面湿滑,有些路段还会有积水,汽车的制动性能下降。所以,雨天驾驶应当降低车速,选择变速器合适的挡位,要尽量避免使用紧急制动。

雨天路滑，尤其是在泥泞道路上行驶，转向要柔和，转向盘的转动要早打、慢打、慢回，不可突然猛转转向盘，以免发生车身的横滑现象。

二、汽车涉水防御性驾驶

汽车涉水驾驶时，由于水的浮力和润滑作用会使车轮与地面的附着力变小，车辆行驶的稳定性变差，车轮容易发生空转和侧滑；积水会增大汽车的行驶阻力；汽车行驶中溅起的水波，会引起汽车电器设备短路或失效，同时也会造成驾驶人视线上的误差；对水底的路面情况也难以观察。

为了安全通过积水路段，驾驶人要注意以下事项。

1. 注意观察积水的深度

雨季特别是暴雨天气，低洼路段、立交桥下、隧道等处往往会存有积水。

遇到面积大、水位深的积水，不可贸然通过，一是观察其他车辆能否通过；二是选择绕行路线。

2. 防止发动机熄火

汽车涉水的基本要求是发动机的转速要高一些，以避免发动机熄火；车速要低一些，以减小水面的波动。

如图4-11所示，如果驾驶手动挡汽车，可用右脚适当踩下加速踏板，让发动机的转速维持在每分钟2000～2500转，同时用左脚稍微踩下离合器踏板。

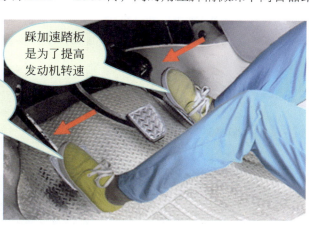

图4-11 手动挡汽车涉水

如图4-12所示，如果驾驶自动挡汽车，可用右脚适当踩下加速踏板，让发动机的转速维持在每分钟2000～2500转，同时用左脚稍微踩下制动踏板。

图4-12 自动挡汽车涉水

汽车在积水中熄火是非常糟糕的事情,遇到这种情况如果强行启动发动机,希望是渺茫的,只能设法求援。

3.不要尾随前车过近

汽车涉水时,不要尾随前车过近,与对面来车的横向间距也应该适当增大,以免水波激荡,造成高压线漏电而导致发动机熄火。

4.目光不要总是盯着水面

车辆在通过积水路段时,有本车荡起的水面波纹,还有迎面车辆荡起的水面波纹。

如图4-13所示,由于水面波纹的波动方向不同,如果驾驶人的目光总是盯着水面,对车辆的实际动态判断有可能出现失误,还有可能引起驾驶人的眩晕,从而导致对车辆的不当操作。

(a)车静止,水面向前波动,眼睛盯着水面会感觉在倒车

（b）车静止，水面向后波动，眼睛盯着水面会感觉在前进

图4-13 不要把目光盯着波动的水面

本来车速并不快，驾驶人通过水面波纹观察到的车速却很快，于是松开油门，猛踩刹车踏板，实际上车已经停止了，驾驶人仍然死死地踩着刹车踏板，如果车前有障碍物，驾驶人更是恐慌，眼看着就要撞上障碍物了。

为什么会出现这种错觉呢？就是因为驾驶人的眼睛紧盯着波动的水面。慌乱之中，驾驶人松开油门踏板，猛踩刹车踏板，这样发动机就熄火了。

水面的波动还会给驾驶人带来另外一种错觉，本来车速已经不低了，驾驶人通过水面波纹观察到的车速却很低，于是进一步提高车速。车速越快，水面的激荡越激烈，结果荡起的积水被发动机吸入，导致发动机熄火。

激荡的水面波纹会导致驾驶人对车辆的行驶速度出现误判，还会导致驾驶人的眩晕。因此，车辆在涉水时，驾驶人的目光不要总是盯着水面，应该把目光放得远一些，也就是防御性驾驶强调的放眼远方。目光可以离开水面，投向远处固定的物体，以远处固定的物体为参照物，来确定车辆的行驶方向。

5. 涉水之后检验制动效能

汽车在涉水过程中制动器有可能浸入泥水，从积水中驶出之后，要使用低速挡行驶一段路程，在踩下加速踏板的同时间断踩下制动踏板，以便排出制动器中的泥水，确认制动效能恢复之后，才能转入正常车速行驶。

此外，汽车在通过积水路段时，水的冲击作用有可能会使车辆号牌脱落，所以，涉水之后要检查车辆的前后号牌是否丢失。

6. 通过有积水的涵洞

如图4-14所示，涵洞地势低洼，在下暴雨时，涵洞内如果有积水，一定要设法查明水的深度。

图4-14 注意积水谨慎通行

有些涵洞的入口处设置有水位标尺，可以根据标尺指示的水位判断车辆能否通过。

普通轿车的涉水深度一般为30～40厘米，越野车的涉水深度一般为40～70厘米。如果水位已经超过汽车的涉水深度，汽车很可能在水中熄火。

三、雾天防御性驾驶

雾天车外能见度低，车窗冷凝水汽，从驾驶室向外观看的视线差。冬季有雾时，地面还会潮湿或结霜，影响汽车的制动性能。如果是雾霾天气，往往分布面积大，持续时间长。

1.保持挡风玻璃的清洁

雾天行车要把挡风玻璃和车窗玻璃擦拭干净，若玻璃上有尘土，很容易凝结水汽，使视线更加模糊。

浓雾中行车可间歇使用刮水器，以便刮除挡风玻璃上凝结的小水珠。

2.调节车速

雾天驾驶汽车的车速，要根据能见度来确定。能见度在30米之内时，车速不应超过每小时20千米；能见度在5米以内时，最好选择安全地点停车，待雾消退或减轻后再继续上路行驶。

3.注意行车路线

雾天由于视线不良，许多驾驶人会在行驶路线上发生偏差。一些驾驶人为了防止会车时与对面来车相撞而靠向道路右侧行驶；有些驾驶人为了防止与同向的自行车相撞而靠向道路左侧行驶。这些做法都会增加雾天行车的危险性，应该引起注意。

4. 正确使用车灯

雾天行车可以开启危险报警闪光灯，以便提示其他车辆、行人避让，这是防御性驾驶引人注意原则的运用。

雾天行车，不宜使用前照灯，因为前照灯的光束偏上，射出的光线被雾气漫反射，使车前出现一团白茫茫的景象，造成驾驶人更难以看清路面上的情况。

雾天行车应该开启防雾灯，防雾灯能发出黄色的灯光，黄色的灯光在雾中具有较好的穿透性能，可以起到一定的照明效果。

雾霾消退之后，要及时关闭防雾灯。正常气候夜间行驶，不得使用防雾灯，以免造成对向来车驾驶人的眩目。

5. 团雾天气随时调节车速

有些时候雾的分布是不均匀的，这种雾如同在地面上漂浮的云朵，人们把这种雾称为团雾。

如图4-15所示，由于团雾天气雾在路面上的分布不均匀，车辆在无雾区域车速较快，驶入团雾区域时能见度突然降低，有些驾驶人会立刻采取紧急制动措施，车辆追尾的交通事故就在这瞬间发生了。

图4-15 团雾天气行车

在团雾天气行车，要及时觉察前方道路的能见度，根据能见度的变化及时调节车速。当能见度降低，或者看到前方道路的雾加重时，要提前降低车速。

雾天尾随前车行驶，要注意观察前车的制动灯，发现前车的制动灯点亮，后车应该及时做出相应的反应，随时做好制动的准备。

四、狂风及扬尘天气防御性驾驶

1.沙尘天气的防尘

沙尘天气行驶，要保持驾驶室的封闭，不仅要把车门玻璃关闭严密，还要把驾驶室里的空气循环设施设置在内循环的挡位，这样才能防止沙尘侵入到驾驶室内，如图4-16所示。如果只是关闭车窗玻璃，空气循环设施却设置在外循环的位置，车外的扬尘会通过空调通道进入车内。

（a）空气内循环

（b）空气外循环

图4-16 空气循环标示

行车中对于挡风玻璃上附着的灰尘，不要用刮水器刮除，这样做不仅难以清除玻璃表面的尘埃，而且还会因摩擦使玻璃表面留下磨痕，加剧刮水刷的磨损。由于刮水刷处于干摩擦，摩擦阻力大，还会导致刮水器电机的损坏。

2.狂风天气对行车安全的影响

风向和风力对车辆行驶的稳定性会有一定的影响，特别是大风天气在高速公路、环城快速公路、高架公路上行驶，由于这些公路缺少建筑物的遮挡，行车时会感到风力更大。

在大风中行驶，当风向与车辆行驶方向相同时，制动距离会相对延长，遇到这种情况要提前采取制动措施。

当风向与车辆行驶方向相反时，由于风的阻力作用，会使车辆的加速性能下降，延缓超车过程，在超车和会车接近障碍物时要考虑到这些因素，做到留有余地。

当大风横向作用于车身时，车辆行驶方向易跑偏。如图4-17所示，车辆在横风作用下高速转弯行驶，若风向与转弯时产生的离心力同向，容易使车辆侧滑甚至侧翻。车速越快，产生的离心力越大，转弯半径越小，产生的离心力越大，因此，如果是在大风天气中行车，车速不宜过快，不可猛打方向。

（a）在有横风的情况下向左急转弯

（b）风的推力与转弯的离心力使车侧倾

图4-17　风力与离心力同向

3. 停车躲避暴风的技巧

如果在车辆行驶途中遇到暴风，行进困难，为了确保安全，应该寻找背风处停放车辆。

避风处的选择，要避开高大的广告牌、电力变压器等有可能发生危险的地段；在山区或丘陵地带行车，可利用背风的天然地势避风。

如图4-18所示，如果一时难以找到避风处，停车时要让车尾迎风，车头背风，这样可以减少砂石对车体的损伤，也可以防止汽车被暴风吹翻。

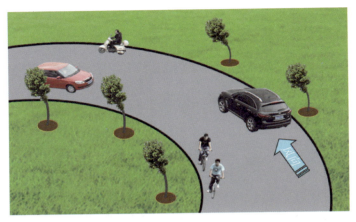

图4-18 停车避风时让车尾迎风

如果让汽车的左右两侧迎风,则稳定性差,汽车容易被暴风吹翻。

第五章　特殊情况及特殊地点防御性驾驶

第一节 ● 特殊情况防御性驾驶

一、幼儿乘车关爱有方

1. 儿童安全锁的使用

为了避免后排座淘气的儿童在车辆行驶中打开车门发生意外，在汽车后排座的车门设置了儿童安全锁。

在儿童安全锁锁止时，能够防止车辆行驶中儿童将车门打开而发生意外。

如图5-1所示，在后排车门的内侧有儿童安全锁，将锁销移至"关"（🔒）的一端，用车内的门锁把手就打不开车门了；将锁销移至"开"（🔓）的一端，从车内就可以打开车门了。

如果汽车的后排座乘坐有儿童，在儿童上车之后，可将儿童安全锁的锁销移至关的位置，然后再将车门关闭，这样就可以避免车辆在行驶中儿童独自将车门打开的危险。

在启用儿童安全锁的情况下，车辆停稳之后，车外的成年人利用车外的门把手将后排座车门打开，就可以让后排座上的儿童下车了。

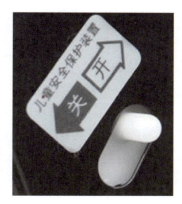

（a）

（b）

（c）

（d）

图5-1　儿童安全锁

2. 别让孩子受到爱车的伤害

汽车的乘坐空间一般是为成年人设计的，由于生理和心理的原因，12岁以下的儿童乘车，如果遇到紧急制动、车辆碰撞事故，遭受伤害的可能性要大于成年人。

在现实生活中，家长会把3岁以下的幼儿抱在怀里乘车，大一点的儿童则喜欢独自坐在前排座椅上，或者与大人并排坐在后排座椅上。如果大人抱着幼儿坐在车内，当汽车发生事故剧烈撞击的时候，幼儿会充当大人的"气囊"；既便是大人系了安全带，巨大的惯性也会让幼儿从大人怀中自动飞出。让儿童在前排就坐，当安全气囊胀开时，迅速膨胀的气囊直接冲击儿童的面部，很容易造成儿童的伤害。车座上虽然设置有安全带，由于是按照成年人的身高设计的，对儿童有可能起不到应有的安全防护作用。

儿童天生就好动爱玩，缺少乘车的安全意识，成年人一定要确保儿童的乘车安全。

① 车内不要放置尖锐和硬质的玩具或物品，以免在发生事故的时候这些物品伤害儿童。

② 下车开车门的时候，大人要先下车观察车外的情况，确认没有过往的车辆，再开门让孩子下车。

③ 不要让12岁以下的小孩坐在前排副驾驶的位置，前排副驾驶的位置往往是最不安全的。我国《校车安全管理条例》第四十条规定：校车的副驾驶座位不得安排学生乘坐。国家对坚固庞大的校车有此规定，私家车乘坐儿童更要注意到这一点。

④ 中途停车时，不要把幼儿独自留在车内。尤其要注意，在发动机不熄火的情况下，把幼儿独自关在车内，儿童好奇好动，好模仿大人驾驶车辆，独自留在车内是极不安全的。如果是在炎热或严寒的极端天气将儿童独自留在车内，发生意外的可能性就更大。

⑤ 要教育孩子注意乘车安全，坐在车内不要东倒西歪、来回摇晃。开关车窗和车门时，要防止孩子的手和头部被夹。大人开车时要注意力集中，不要与孩子过多地谈笑。配置电动天窗的汽车，不要让儿童的头部探出天窗，因为在天窗断电或发动机熄火时，天窗会自动关闭，夹伤儿童的头部。

⑥ 如图5-2所示，经常接送6岁以下的儿童，可以在车内安装儿童安全座椅。儿童安全座椅是按照不同年龄的孩子设计的。如果是乘坐3岁以下的幼儿，要把儿童安全座椅反向放置在汽车的后排座椅上，并且用安全带对儿童安全座椅进行固定。如果是乘坐3～6岁的儿童，安全座椅可以顺向固定在

汽车后排的座椅上。6岁以上的儿童可以使用原车安全带，但要增加坐垫的高度，以便安全带能系在儿童身体正确的部位，这样才能有效地保护儿童的胸部、颈部和面部。

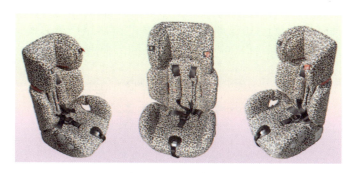

图5-2 儿童安全座椅

二、低速进出居民区

如图5-3所示，临街大院门前的路段，属于人行道和非机动车道的延伸部分，进、出大院的机动车要横穿非机动车道、人行道，此时，要低速行驶，注意避让过往的非机动车和行人。

图5-3 车辆进出临街大院

随着私家车的增多，单位院内、居民居住区内，汽车与行人、骑车人相遇的情形越来越多，而且往往是人车混行。驾驶车辆在这些区域行驶，一定要有安全防事故意识。

汽车在单位院内、居民居住区内行驶，有限速标志的，不能超过限速标志规定的时速；即便是没有设置限速标志，也必须低速行驶。

如图5-4所示，有些小区采取了区域限速，在该小区的每一个入口路段都设置了区域限速标志，车辆进入该小区的道路之后，虽然不再有限速标志，但是，最高时速不得超过30千米。在该小区的出口路段设置有区域限速解除标志，该标志之后的路段才解除限速30千米的限速规定。

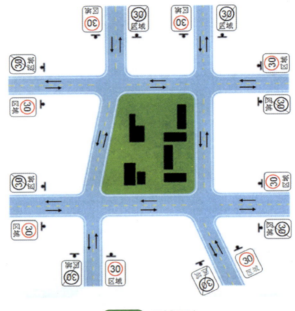

图5-4 区域限速

单位院内、居民居住区内修建的道路，大多没有交通隔离设施，道路狭窄，行人、非机动车过往频繁，大家都是同事或邻居，无论是步行、骑车还是开车相遇，都应该和睦相处。在单位院内、居民居住区内与行人、骑车人抢行，在院内随意鸣喇叭，或者在进出大院时经常鸣喇叭，这些并非是防御性驾驶所提倡的引人注意行为，而是不文明、不礼貌的行为。在单位院内、居民居住区内驾驶车辆，应该低速行驶，无条件地礼让行人和骑车人。

三、洞悉行人及非机动车

行人和非机动车属于道路交通参与者中的弱者，非机动车以电动自行车和人力自行车为代表。与机动车驾驶人相比，行人和非机动车驾驶人在道路上没有金属外壳保护，一旦与机动车发生接触，容易受到伤害，成为交通事故中的受害者；行人和非机动车驾驶人缺乏交通安全法的培训教育，通行道路的交通法制观念淡薄，由于不遵守交通规则，往往会成为交通事故的肇事者。防御性驾驶人要认识到行人和非机动车驾驶人在交通活动中所表现出的两重性，要善于预测行人和非机动车驾驶人的交通动态，从而实现防御性驾驶，不主动造成交通事故，不被动涉及交通事故的两个目标。

1.行驶在混合交通的道路

如图5-5所示，在没有施划交通标线的道路，机动车与非机动车混合通行，机动车在道路的中间行驶，非机动车在道路两侧靠右行驶。这样的道路，人行道大多没有护栏，行人随时有可能进入车行道，汽车驾驶人要注意对非机动车和行人的观察。

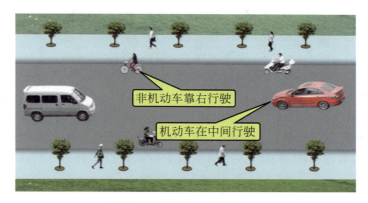

图5-5　机动车在道路中间行驶

如图5-6所示，在没有施划交通标线的道路，机动车会车时，在确保非机动车、行人安全的情况下，靠向道路右侧行驶。

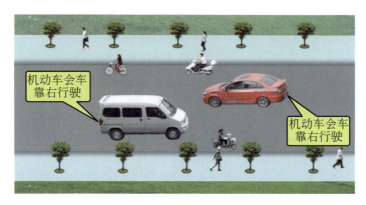

图5-6　会车靠右

2.通过人行横道

如图5-7所示,机动车行经人行横道时,应当减速行驶;遇行人正在通过人行横道,应当停车让行。

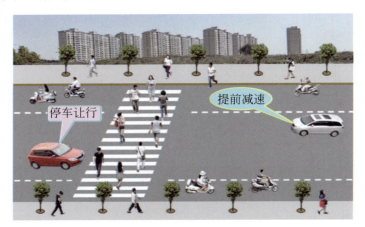

图5-7 行经人行横道

如图5-8所示,为了提示车辆避让人行横道内的行人,在人行横道的两侧施划了人行横道预告标识和停止线,车辆行至菱形的人行横道预告标识处,就应该开始减速,如果发现人行横道内有行人横过车行道,应该在停止线之外停车让行。

图5-8 有人行横道预告标识的路段

如图5-9所示,前方为施划有人行横道线的交叉路口,在接近人行横道线的地点施划有人行横道预告标识、横向减速标线,两者都有警告车辆减速慢行的含义。的确,这是一条郊外的公路,中央绿化带一直延伸到人行横道线的位置，由于树木的遮挡，给靠近路口的机动车驾驶人观察道路左侧的交通情况带来了视线盲区，不便于观察由左向右进入人行横道的行人；这条公路，机动车流量不是很大，行人在通过人行横道时也就比较随意，尽管前方的机动车信号灯为绿灯，行人也有可能进入人行横道。所以，驾驶机动车临近该交叉路口，不管前方的机动车信号灯是绿灯，还是红灯，机动车都必须要提前减速。

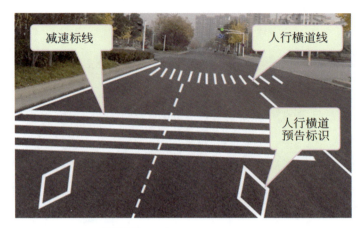

图5-9 双重标线强调车辆减速

3. 掌握行人及非机动车的交通特点

由于道路资源配置的问题、信号灯配时的问题、道路隔离设施的问题、行人交通安全意识的问题，时常会出现行人、非机动车与机动车混行的现象。因此，汽车驾驶人要善于把握行人、非机动车通行道路的动态，这样才能提前处理交通情况，变被动为主动。

道路上行人的动态是多种多样的，一般可按以下几种类型分析和处理。

（1）正常的行人　正常的行人看到汽车驶来就会及时避让，靠路边行走。遇到这种情况可以按照正常行驶速度通过。

（2）过于敏感的行人　有些行人看到汽车驶来，惊慌失措，左顾右盼，在汽车临近的时候突然改变行走方向。遇到这种情况要提前降低车速，随时做好停车准备，不可贸然高速通过。

如图5-10所示，有些行人在过马路时与左边的汽车抢行，当发现右边也有来车逼近时，又突然后退避让，这样行人左侧的汽车将会成为肇事车；假如行人没有发现右侧的来车，或者，行人一意孤行，抱着汽车不敢碰撞行人的侥幸心理，继续向前加速猛跑，这样行人右侧的汽车将会成为肇事车。

防御性驾驶全攻略

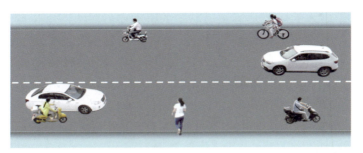

（a）与左边来车抢行

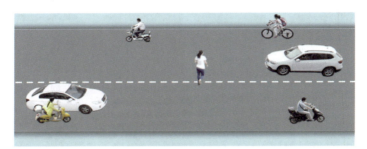

（b）突然发现右边还有来车

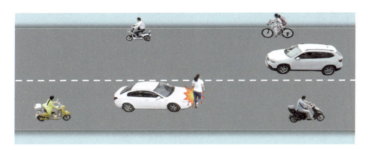

（c）后退折返被左边来车相撞

（d）向前猛跑被右边来车相撞

图5-10　行人与双向来车抢行

假如你将要与对面来车会车的时候,突然有行人急急忙忙地从你的左侧或者右侧横穿车行道,无论行人是否已经到达你所驾车辆的正前方,你都应该果断减速,做好避让行人的准备。

(3)麻痹大意的行人　有些行人认为汽车不敢撞人,看到汽车驶来或者听到汽车的喇叭声不肯避让或不予理睬。遇到这种情况要低速通过,注意避让,不可赌气。

(4)低头玩手机的行人　有些行人一边玩手机一边低头行走,大脑高度集中在手机的画面上,当发现汽车临近时惊慌失措,左右躲闪。遇到这种情况要与之保持较大的安全距离。

(5)儿童和老人　儿童的特点是常在路上追逐玩耍,遇到汽车临近时就突然乱跑,或者突然横穿马路。老年人因年龄关系反应迟钝,动作缓慢,避让车辆困难。行车中遇到儿童和老年人的时候,要缓慢通过,并且随时准备停车。

(6)其他　聋哑人因听觉失灵,对喇叭声无反应。盲人虽然听觉灵敏,但是眼睛看不到,往往不能准确避让车辆。狂风暴雨时,行人秩序混乱,急于躲避风雨而忽视道路上的车辆。雨天撑雨伞或穿雨衣的行人,由于视线、听觉受到影响,不能及时发现车辆,一旦发现往往突然乱跑。

以上是较为常见的几种行人的心理状态和行为动态。驾驶车辆的时候,必须保持精力集中,根据具体情况,做到判断准确,采取措施合理果断,才能确保行车安全。

走进汽车驾驶室开车就成为交通参与者中的强者,走出汽车驾驶室步行就成为交通参与者中的弱者。此一时为强者,彼一时为弱者。

成为弱者时要注意避开强者,成为强者时要有"以人为本,关爱生命"之心。

城市道路上的非机动车,大多为电动自行车,还有一些是人力自行车。他们的移动速度比机动车慢,比行人快,其中不少非机动车驾驶人交通安全意识淡漠,通行道路不注意观察沿路的交通标志和交通标线,闯交通信号灯、与机动车抢行、在车流中穿插绕行的情形时常可见。有些人骑车结伴并行,边骑车边交谈,不注意观察过往车辆和行人,遇到情况突然猛拐。有些骑车人遇到汽车驶来,采取措施不当,还会突然摔倒。

在我国,机动车与非机动车之间发生的交通事故,占有相当的比例。驾驶汽车行经没有隔离设施的路段,或者在通过交叉路口的时候,要注意观察非机动车的动向,与非机动车保持足够的横向间距。

有限的道路资源,总会出现机动车和非机动车的相遇,总会出现机动车和行人的相遇，机动车驾驶人要少一份抱怨，多一份理解。

防御性驾驶人要注意行人和非机动车通行道路的交通特点，遇到行人和非机动车时，要灵活运用防御性驾驶的留有余地原则、引人注意原则。

四、依次交替通行

机动车行至车道减少的路口或者路段，如果遇到前方有机动车停车排队或者缓慢行驶的情况，既不可抢行，也不必谦让，应当按照通行规则的要求，每车道一辆依次交替驶入车道减少的路口、路段，如图5-11所示。

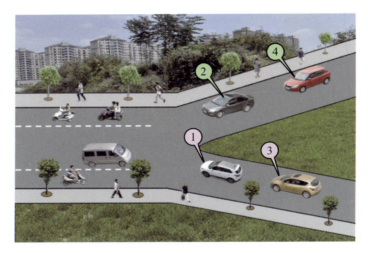

（a）车道减少的路口

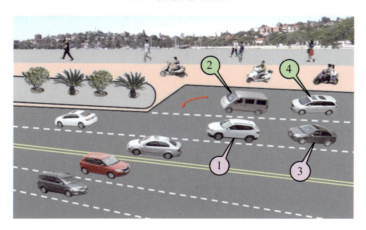

（b）车道减少的路段

图5-11 依次交替通行

五、通过有标线的辅路与主路

1. 辅路车让主路车先行

如图5-12所示,在辅路车流量小,主路车流量特别大的路段,要优先考虑主路车流,遇到主路车驶入辅路时,辅路车应当减速让行。

图5-12　辅路车让主路车先行

2. 辅路车与主路车各行其道

如图5-13所示,在主路驶向辅路的车流特别大,而且持续时间长的路段,将辅路车与主路车交织的部位用实线隔开,两股车流各行其道,不存在谁先行谁后行的问题。

图5-13　辅路车与主路车各行其道

3. 辅路车与主路车依次交替通行

如图5-14所示，辅路和主路车流量都很大的路段，往往采取依次交替通行的方法实现两股车流的合流交织，在这样的地点车辆要相互礼让，不可抢行。

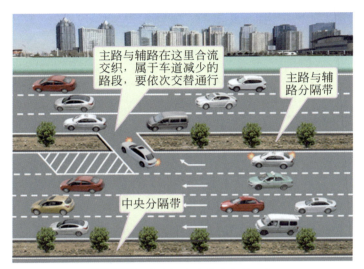

图5-14　辅路与主路依次交替通行

六、通过无标线的辅路与主路

1. 辅路车驶入主路

如图5-15所示，从辅路驶入主路的机动车属于变更车道，应当让在主路上行驶的机动车优先通行。

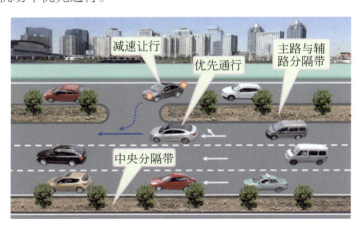

图5-15　进主路的车让主路车

2.辅路车与主路车交织

如图5-16所示，驶入主路的机动车应当让驶出主路的机动车优先通行。

图5-16 进主路的车让出主路的车

3.主路车驶入辅路

如图5-17所示，由主路驶入辅路的机动车属于变更车道，应当让辅路上正常行驶的机动车优先通行。

图5-17 进辅路的车让辅路车

七、靠边停车留有余地

1.进出非机动车道

车辆行驶途中临时靠边停车，需要进、出非机动车道。

如图5-18所示，进入非机动车道之前，要提前开启右转向灯，利用右后视镜观察道路右侧的交通情况。

图5-18 靠边停车

如图5-19所示，由于机动车靠边停车占用了非机动车道，后边驶来的机动车应当减速慢行，以确保非机动车的通行安全。

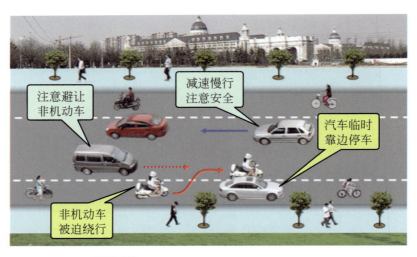

图5-19 后边驶来的机动车应避让非机动车

如图5-20所示，驶离停车地点时，要提前开启左转向灯，利用左后视镜观察道路左侧的交通情况。

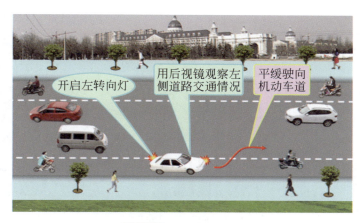

图5-20 驶离停车地点

2. 靠边停车的技巧

如图5-21所示，在平坦的地面沿着右侧的前后车轮画上一条直线，在这条直线的右侧相距20厘米处再画上一条平行线，然后坐在驾驶室内观察地面上的这两条直线，在视线通过挡风玻璃边缘的位置标上记号A、B。有了这两个记号，我们就可以较为准确地判断右侧车轮在地面上的行驶轨迹了。

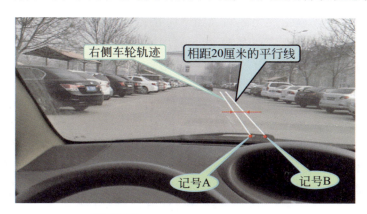

图5-21 在挡风玻璃下缘标上记号

如图5-22所示，车辆行驶中，当通过记号A的视线与地面标线重合时，右侧车轮将会从标线上碾过，在狭窄的道路、冰雪道路、泥泞道路行驶，可以借助这种方法准确控制车辆的行驶路线，以便跟随前车的车辙行进；当需要靠路边停车时，让通过记号B的视线与道路边缘线（路缘石）重合，车辆右侧与路边大约有20厘米的间距。

防御性驾驶全攻略

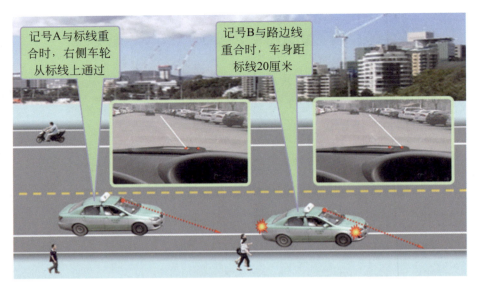

图5-22　判断右侧车轮的行驶轨迹

八、牵引车与被牵引车

机动车在行驶途中发生故障，当时无法排除，可以设法用其他车辆进行牵引。比如，用亲戚或者朋友的车进行牵引；请汽车维修场站援助；有些保险公司开设有免费拖车业务，属于这种情况，可以拨打保险公司的客服电话，请保险公司派车牵引故障车。

当车辆处于牵引和被牵引状态时，前后两车相互牵制，比起单车行驶来讲，增大了驾驶难度，增加了行车风险，因此，牵引车和被牵引车驾驶人要注意如下事项。

① 被牵引的机动车除驾驶人外不得载人，不得拖带挂车。

② 被牵引的机动车宽度不得大于牵引机动车的宽度。

③ 如图5-23所示，使用软连接牵引装置时，牵引车与被牵引车之间的距离应为4～10米。

对绳索长度的要求，主要是从车辆的安全性和通过性来考虑的。

如果绳索过短，当牵引车行驶中制动时，后边的被牵引车很容易发生追尾事故。

如果绳索过长，在转弯过程中，绳索会超出机动车道的空间，影响非机动车和行人的安全，如图5-24所示。

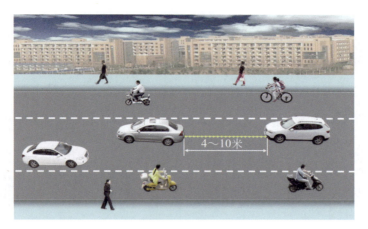

图5-23 软连接牵引

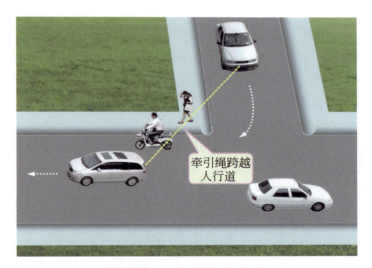

图5-24 牵引绳索跨越人行道

牵引车和被牵引车行驶速度较慢，时常处于被超车的状态，如果绳索过长，会给其他车辆带来超车困难，影响其他车辆的通行速度，还可能出现其他车辆在牵引车和被牵引车之间穿插的危险情况，如图5-25所示。

对于一般家用轿车来讲，牵引绳的长度取 4 ~ 6 米较为适宜。

④ 对制动失效的被牵引车，应当使用硬连接牵引装置牵引。

⑤ 处于牵引状态的汽车，时速不得超过30千米。起步、行驶、停车整个过程都要做到平稳，不可忽快忽慢。

防御性驾驶全攻略

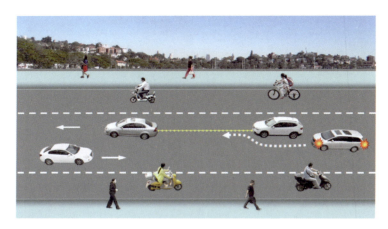

图5-25　增大了穿插的险情

⑥ 如图5-26所示，转弯时，牵引车转弯半径要大一些，这样可以为被牵引车留出通行路面，也便于减少被牵引车驾驶人的视线盲区，尤其是使用硬连接牵引装置时，更要考虑到前后两车的内轮差，否则就会给后车转弯带来困难，如图5-27所示。正确的转弯方法是牵引车的转弯半径要适当大一些，这样被牵引车才能顺利实施转向。

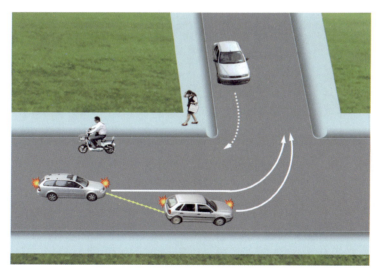

图5-26　牵引车转大弯

⑦ 为了提示过往车辆注意避让，牵引车和被牵引车都应当开启危险报警闪光灯，如图5-28所示。

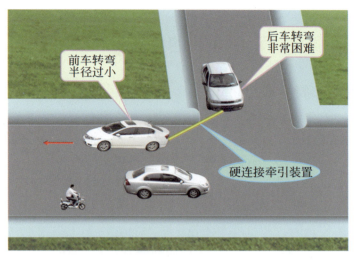

图5-27 硬连接牵引

图5-28 牵引状态要开双闪灯

⑧ 对于转向或者照明、信号装置失效的故障机动车，禁止一般车辆牵引，应当使用专用清障车拖曳，如图5-29所示。

图5-29 专用清障车

第二节 ● 特殊地点防御性驾驶

一、左转车特殊通行路线

为了减少左转弯车辆对交叉路口通行效率的影响,为了让左转弯车辆能够安全通过交叉路口,在某些交叉路口对左转弯车辆规定了特殊的通行路线。我们行车途中需要左转弯时,要注意观察交通标志牌的提示,以免因违反交通标志的规定而发生意外。

1.从道路右侧左转弯的路口

在机动车流量大,非机动车流量比较小的T形路口,在同方向车道数量比较少的情况下,将掉头和左转弯车道设置在道路的右侧,有利于车辆的通行。

如图5-30所示,前方为同方向只有2条机动车道的T形路口,为了减少左转弯和掉头车辆对道路通行的影响,要求机动车先驶入右侧的非机动车道,然后再实施左转弯或掉头。

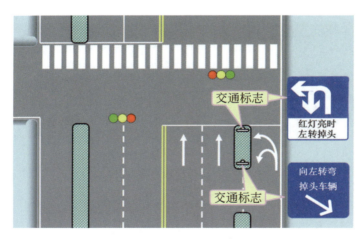

图5-30 T形路口左转弯和掉头

车辆行驶在这样的T形路口,假如需要左转弯或掉头,要注意观察道路上的交通标志,按照交通标志提示的地点向右变更到非机动车道内。在向右变更车道时,要减速慢行,避让非机动车道内的骑车人。

当车辆到达T形路口时,要根据交通标志的提示,在红灯亮时,车辆才能实施左转弯或掉头。

2. 左转弯绕行的路口

与右转弯和直行车辆相比，左转弯车辆对交叉路口的通行效率影响最大，左转弯车辆在路口内产生的交叉点和交织点最多。

如图5-31所示，立交桥下方的交叉路口不仅光线暗淡，而且往往是桥墩林立，假如按照常规的方法直接在立交桥下方进行左转弯，由于桥墩遮挡驾驶人的视线，增大了左转弯车辆通行路线上的风险。

图5-31 立交桥下方桥墩林立

为了减少左转弯车辆对路口的运动干涉，确保车辆安全通过交叉路口，在有些交叉路口规定了特殊的左转弯行驶路线。如图5-32所示，将左转弯的行驶路线进行分解，转化为直行、掉头和右转弯；或者将左转弯的行驶路线转化为右转弯、掉头和直行。

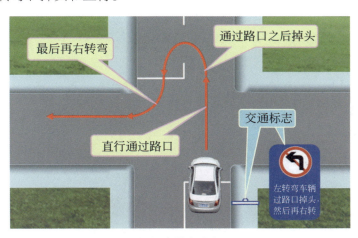

（a）左转变直行

图5-32

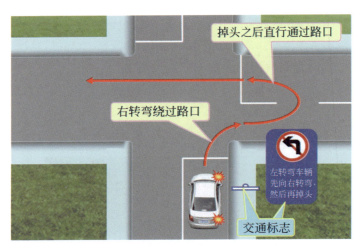

（b）左转变右转

图5-32 特殊的左转弯行驶路线

遇到对左转弯车辆有特殊规定的路口，一定要注意观察路口交通标志的提示，以及发生交通事故，以及出现强行左转弯的交通安全违法行为。

二、通过左弯待转区

在左转弯车道施划左弯待转区标线，让左转弯机动车等候放行信号的位置适当向前移，可以提高路口的通行效率。然而，有些驾驶人对于左弯待转区标线的规定不太了解，在等候左转弯放行信号时，没有将车辆停在左弯待转区的标线区域内，如图5-33所示。

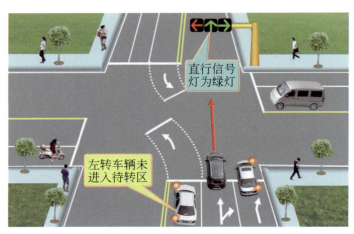

图5-33 直行时段没有将车停在待转区

极个别情况，有些驾驶人在横向直行车辆放行的情况下，将车辆停放在左弯待转区的标线区域内，影响了横向来车的通行，如图5-34所示。以上这些做法，都是违反交通标线规定的交通安全违法行为。

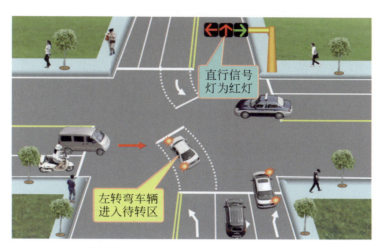

图5-34　非直行时段误将车辆停在待转区

正确的做法，如图5-35所示，如果是在直行时段，左转弯的车辆应该直接进入左弯待转区。

图5-35　直行时段进入左弯待转区

如图5-36所示，在左转弯信号灯为绿灯时，左弯待转区内的车辆可以在路口左转弯。

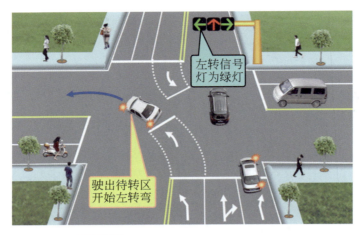

图5-36 左转弯信号灯亮时才能左转弯

左转弯时段终止，禁止车辆在左弯待转区内停留。如图5-37所示，如果直行信号灯、左转信号灯均为红灯时，车辆应该在左转弯导向车道内等候放行信号。

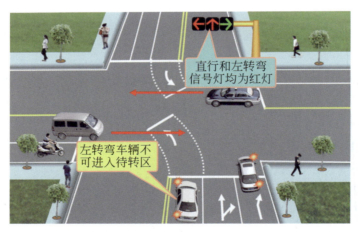

图5-37 在左转弯车道停车等候

三、通过右弯待转区

在右转弯车辆交通流量特别大的路口，可以开辟右弯待转区，这是解决右转弯车辆通行缓慢的有效措施。

如图5-38所示，当直行信号灯为绿灯时，右转弯车辆可以越过停止线，驶入右弯待转区。

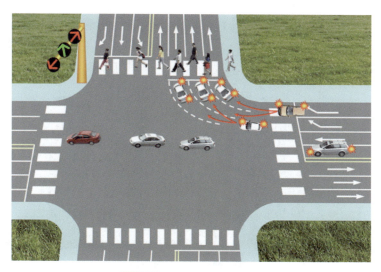

图5-38 右转车驶入待转区

如图5-39所示，当右转弯信号灯由红灯变为绿灯时，右弯待转区内的车辆可驶出右弯待转区，右转弯离开交叉路口。

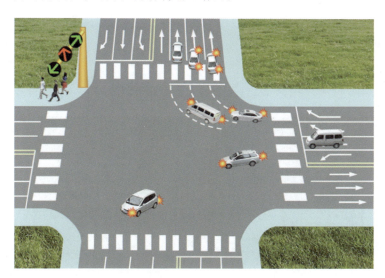

图5-39 右转车辆通过路口

如图5-40所示，当右转弯信号灯由绿灯变为红灯时，右转弯的车辆不得在右弯待转区内停留；没有进入右弯待转区的车辆，只能在导向车道内等候，不得进入右弯待转区。

图5-40 净空右弯待转区

四、通过直行待行区

在直行车道前方施划直行待行区线,让直行的机动车等候放行的位置适当向前推进,可以提高路口的通行效率。直行待行区的路口通行规定,各地有所不同。

1. 先直行后左转

如图5-41所示,在交叉路口上方设置有LED显示屏。当直行车辆靠近交

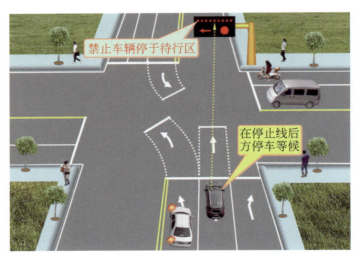

图5-41 显示屏上为红色文字

叉路口时，驾驶人要注意观察前方LED显示屏。如果显示屏上出现"禁止车辆停于待行区"的红色文字时，直行车辆应该在停止线之后停车等候。

如图5-42所示，当显示屏的红色文字消失，变为绿色文字"直行车辆进入待行区"时，直行车辆可越过停止线进入直行待行区。

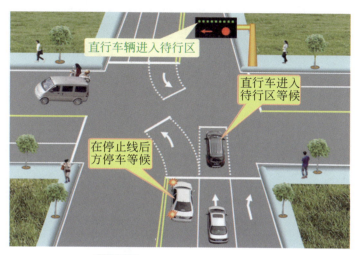

图5-42　显示屏上变为绿色文字

如图5-43所示，当信号灯由红灯变为绿灯，显示屏上出现"左转车辆进入待转区"时，直行车辆可驶出直行待行区，直行通过交叉路口；左转弯车辆可越过停止线，进入左弯待转区。

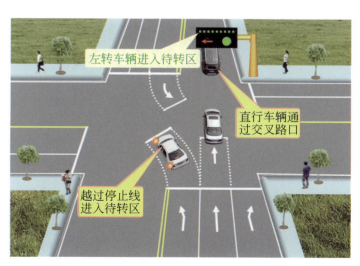

图5-43　信号灯为绿灯

如图5-44所示,当左转弯箭头灯由红灯变为绿灯时,左弯待转区内的车辆可驶出待转区,左转弯通过交叉路口。

图5-44 左转弯箭头灯为绿灯

2. 先左转后直行

如图5-45所示,当交叉路口直行车道前方施划有直行待行区时,如果直行信号灯为绿灯,直行车辆可直接通过路口。如果直行信号灯由绿灯变为红灯,直行车辆仍未驶出直行待行区,应该继续向前行驶,不应该在直行待行区内停留,以免影响横向直行车辆的通行。

图5-45 直行车直接通过路口

如图5-46所示，如果左转弯信号灯、直行信号灯均为红灯，左转弯车辆和直行车辆都应该在各自的导向车道内停车等候。此时，直行车驾驶人要注意观察左转弯信号灯。

图5-46　左转和直行均为红灯

如图5-47所示，当左转弯信号灯由红灯变为绿灯时，左转弯车辆应该越过停止线驶入路口进行左转弯；与此同时，直行车辆应该越过停止线驶入直行待行区。

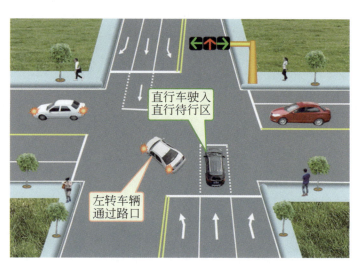

图5-47　直行车辆驶入待行区

如图5-48所示，当直行信号灯由红灯变为绿灯时，直行车辆可驶出直行待行区，直行通过交叉路口。

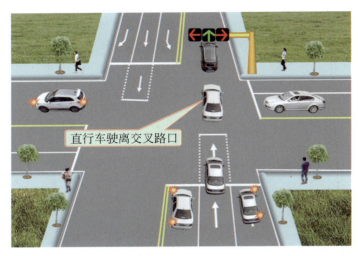

图5-48 直行车驶离路口

五、通过潮汐车道

沿海水位周期性地涨潮和落潮造成的海水边际线的伸张及收缩称为潮汐现象，同一车道车辆行驶方向随时间周期性变化的车道称为潮汐车道。如图5-49所示，潮汐车道用两条双黄色虚线来表示。

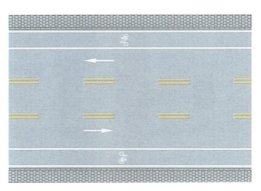

图5-49 潮汐车道线

有些道路的交通流量变化具有潮汐现象，例如，早高峰进城的车辆多，晚高峰出城的车辆多。如图5-50所示，在车道数量一定的情况下，通过设置潮汐车道，在进城的车辆多的时候，增加进城方向的车道数量；在出城的车辆多的时候，增加出城方向的车道数量。

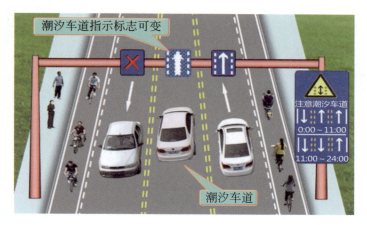

（a）早高峰进城方向2条车道

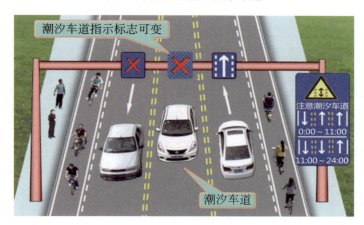

（b）晚高峰出城方向2条车道

图5-50 潮汐车道行驶方向随时间变化

车辆在施划有潮汐车道的路段行驶，驾驶人要注意观察交通告示牌的提示，以便了解在不同时段潮汐车道的行驶方向。要注意观看道路上方的车道指示标志，当潮汐车道上方的车道指示标志为白色箭头符号时，车辆可以进入潮汐车道行驶；当潮汐车道上方的车道指示标志为红色叉形符号时，禁止车辆在潮汐车道内行驶。

要防止在施划有潮汐车道的路段违规超车，如图5-51所示，当潮汐车道上方为红色叉形符号时，即便潮汐车道是空闲的，也不准利用潮汐车道超车。

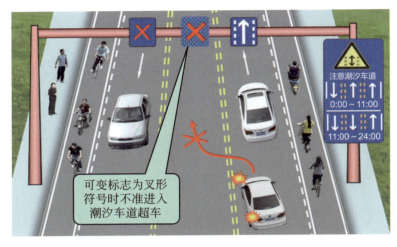

图5-51 不准利用潮汐车道超车

如图5-52所示,当车辆到达交叉路口时,要注意观察交通信号灯,只有在信号灯为绿灯时,直行车辆才能通过交叉路口。

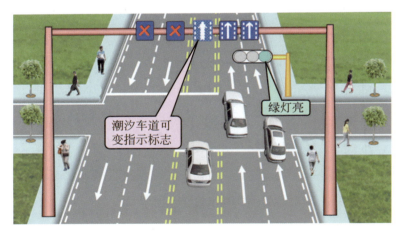

图5-52 绿灯亮时方可进入路口

要特别注意,与潮汐车道贯通的交叉路口,可能会有一些特殊的通行规定。这些特殊的规定往往利用标志牌来显示。

如图5-53所示,为了便于潮汐车道的设置,将转弯和掉头的车道施划在道路的外侧,在这样的路口,需要左转弯或掉头的车辆,要事先进入到右侧的车道,只有在交通信号灯为红灯时,左转车和掉头车才能进入路口通行。要注意,在这里"红灯停,绿灯行"的通行规则被颠覆。

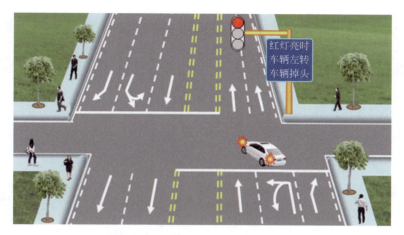

图5-53 左转和掉头车道在道路右侧

六、通过可变导向车道

可变导向车道的方向是随时间变化的，如图5-54示，由南向北有4条导向车道，假如在交通高峰时段，直行车的流量大，此时将可变导向车道设置为直车行道。

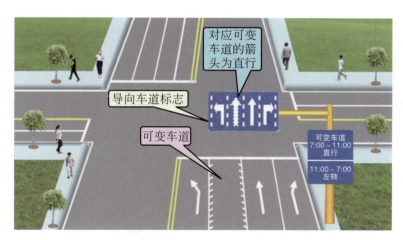

图5-54 可变导向车道为直车行道

如图5-55所示，假如在交通平峰时段，左转车的流量大，则将可变导向车道设置为左转车道。

可变导向车道的地面上没有施划箭头，该车道的方向是由道路上方的导向车道标志规定的。与可变导向车道对应的导向车道标志的箭头可以变换图

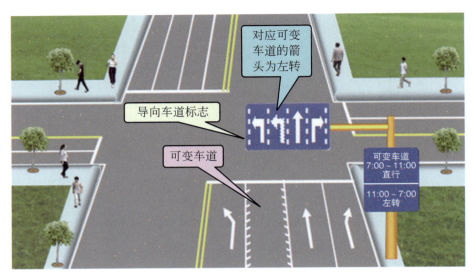

图5-55 可变导向车道为左转车道

案。因此，车辆驾驶人要根据道路上方的导向车道标志显示情况，来确定是否可以驶入可变导向车道。

当车辆驶入可变导向车道之后，还要注意观察前方路口的交通信号灯，如图5-56所示，只有在与可变导向车道对应的信号灯为绿灯时，可变导向车道内的车辆才能通过路口。

（a）直行车道绿灯点亮

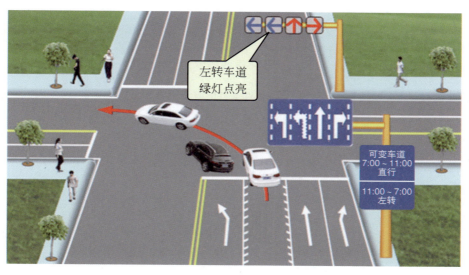

（b）左转车道绿灯点亮

图5-56 与可变导向车道对应的信号灯为绿灯

总之，在进入可变导向车道之前，要注意观察告示牌、可变指示标志、交通信号灯。

七、铁路道口提前减速

1.通过无信号灯的铁路道口

无信号灯的铁路道口不设信号灯，也不设安全栏杆，驾驶人要自觉遵守道路交通安全法的有关规定，严格按照操作规程，确保通行安全。

如图5-57所示，无信号灯的铁路道口设有相应的交通标志和交通标线，驾驶人要注意观察交通标志、交通标线的提示，当车辆距铁路道口约150米

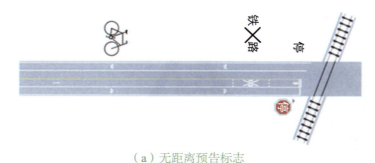

（a）无距离预告标志

图5-57

防御性驾驶全攻略

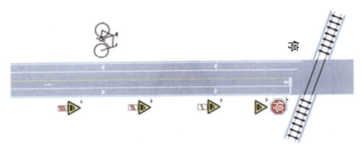

（b）每隔50米设置一次距离预告标志

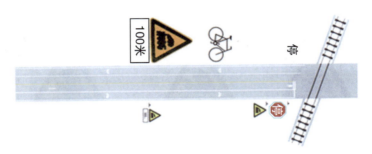

（c）距道口100米处设置距离预告标志

图5-57 无信号灯的铁路道口

处，就应该做好通过铁路道口的准备，降低车速，缓慢靠近铁路道口。在到达铁路道口之前，必须要停车瞭望，观察有无驶来的列车，确认没有过往的列车，挂低速挡，平缓驶过铁路道口。

通过无信号灯的铁路道口，务必遵守"一停，二看，三通过"的通行规则。为了确保行车安全，汽车在通过铁路道口时，最高行驶速度不要超过每小时30千米。

为了防止发动机熄火，不要在车辆行至铁路道口时换挡。

2.通过有信号灯的铁路道口

图5-58 有人看守的铁路道口

有信号灯的铁路道口，在相距铁路道口一定距离的地点设有警告标志，如图5-58所示。

如图5-59所示，有信号灯的铁路道口设有铁路道口信号灯和安全栏杆，在红灯交替闪烁或者红灯亮时，栏杆放下。此时，车辆应该在铁路道口以外的停止线之后停车等候。

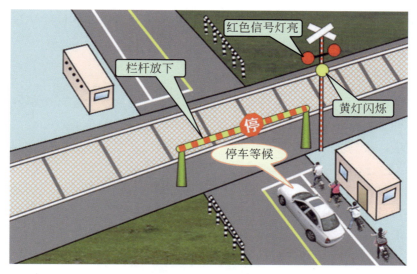

图5-59 红灯亮时停车等候

如图5-60所示,只有当红灯熄灭,栏杆升起,车辆才能通过铁路道口。

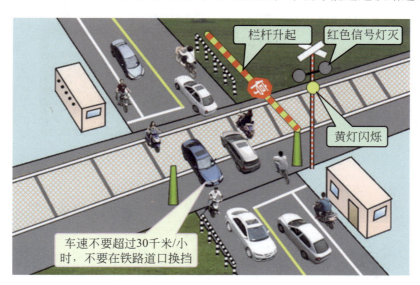

图5-60 红灯熄灭才能通过铁路道口

驾驶车辆接近有信号灯控制的铁路道口时,即便是红灯熄灭、栏杆升起,也要事先将车速降低到每小时30千米以下,以免通过铁路道口时车辆颠簸失控。

不可用高速挡低速通过铁路道口，那样容易导致车辆在行经铁路道口时发动机熄火。

八、隧道中的明暗适应

车辆在通过隧道时，如果驾驶人操作不当，容易发生连环追尾、转向失控、迎面碰撞、侧面剐蹭等交通事故。因此，驾驶机动车通过隧道，要注意以下事项。

① 进入隧道前要适当降低车速。如图5-61所示，隧道入口处有限速标志的，要按照交通标志规定的车速行驶。对于大型车辆来讲，还要注意交通标志对隧道的限高、限宽规定。属于单行路或者交替通行的隧道，在入口处还设有交通信号灯，车辆要在绿灯亮时才能进入隧道。

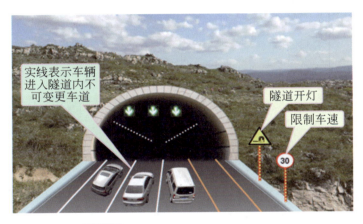

图5-61 注意隧道入口的标志和信号灯

② 如图5-62所示，进入隧道前要根据交通标志的提示，开启示宽灯和近光灯，必要时可鸣喇叭。如果是雨天行车，要注意隧道内是否有积水，必要时可下车观察路面情况。

图5-62 隧道开灯标志

③ 在车辆刚刚驶入隧道时，驾驶人由光线充足的露天道路进入暗淡的隧道内，眼睛对这种明暗的适应，需要8～10秒的调节，这种调节就是让瞳孔由小迅速变大，以便能够吸收更多的光线，才可以看到暗处的环境。在瞳孔没有完成由小到大的生理调节之前，突然置身于光线暗淡的隧道内，汽车驾驶人看到的是黑色

的、模糊的景象，这种现象被称为"黑洞效应"。由于存在着"黑洞效应"，此时一定要降低车速，待眼睛适应隧道内的暗环境之后，才可以适当提速。

④ 进入隧道后要谨慎驾驶，不可在隧道内紧急制动、急打方向、超车、倒车、掉头、停车。如果车辆在隧道内发生故障，必须停车，应该尽快开启危险报警闪光灯，然后再设法将车辆转移到隧道外。

（a）出口弯道向左　（b）出口弯道向右

图5-63　隧道出口距离预告标志

⑤ 在较长的隧道内行驶，当听到前方有碰撞声响时，要立刻开启危险报警闪光灯，并随即降低车速，以避免在隧道内发生连环追尾的交通事故。

⑥ 如图5-63所示，在有些隧道内还设有出口距离预告标志，该标志能够显示隧道出口的距离和弯道走向。

车辆临近隧道出口时，隧道出口处高亮度的物景在驾驶人眼中形成明亮的"白洞"，眼睛需要再次进行生理调节，让瞳孔由大变小，在没有完成这种调节之前，突然置身于隧道外的亮环境，眼睛会处于视觉模糊的状态，这种现象被称为"白洞效应"。此外，在隧道出口处还有可能出现横风。所以，在车辆驶出隧道出口时，要降低车速，握稳转向盘，必要时可鸣喇叭，如图5-64所示。

图5-64　谨慎驶出隧道

防御性驾驶全攻略

九、山区道路注意让行

山区道路盘山绕行，坡道陡，弯道多，视线不良。雨季到来之际，还可能发生山洪暴发、岩石滚落、泥石流、桥涵损毁的情况。

1. 窄路让行

如图5-65所示，在狭窄的路段会车，有障碍的一方让无障碍的一方先行。如果有障碍的一方已经驶入障碍路段，无障碍的一方未驶入障碍路段，无障碍的一方让有障碍的一方先行。

（a）无障碍一方先行

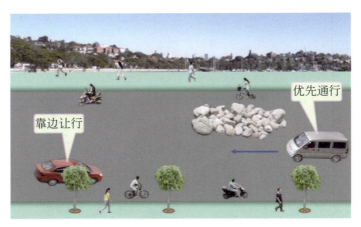

（b）有障碍一方先行

图5-65 有障碍路段的让行

如图5-66所示，在狭窄的路段会车，有让路条件的一方应该靠右让行。

图5-66 有让路条件一方让行

如图5-67所示，在狭窄的山路会车，靠向山体的一方让不靠山体的一方先行。

图5-67 山路会车

如图5-68所示，在狭窄的坡路行驶，下坡车让上坡车先行。如果下坡车已经行至中途，而上坡车还没有开始上坡，上坡车让下坡车先行。

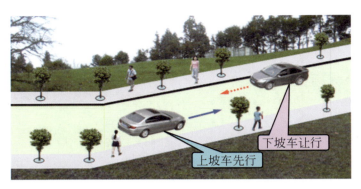

（a）上坡车先行

（b）下坡车先行

图5-68 坡道会车

如图5-69所示，汽车掉头时，应该将车尾朝向比较安全的山坡，车头朝向比较危险的悬崖。

（a）错误

（b）正确

图5-69 窄路掉头

2. 通过险峻的弯路

驾驶车辆通过弯曲或狭窄的山路时，驾驶人要把注意力侧重于路面以及靠山体的一边，并注意观察交通标志，不要无谓地窥视崖下深涧，以免产生不必要的紧张心理。

发现对面有来车时，要及早选择会车地段或停车地点。

临近弯道时，要选择适当的挡位，避免在转弯时换挡，以便双手操纵转向盘。

如图5-70所示，受地势地貌的遮挡，如果无法观察对面是否有来车，要勤鸣号。

图5-70 弯道鸣号

如图5-71所示，弯道会车时，要靠向道路右侧，不可越过道路中心线。

如图5-72所示，严禁在弯道超车，以免与对面来车发生迎面碰撞事故。

图5-71 弯道靠右行驶

图5-72 严禁弯道超车

3.防止陡坡停车时溜车

如图5-73所示,上坡靠边停车时,向左转动转向盘,使前轮向左偏转一定的角度,一旦车辆向后溜,右前轮的后部便可与路边凸起的台阶相互抵紧,以迫使车辆停止向后溜。

如图5-74所示,下坡靠边停车时,向右转动转向盘,使前轮向右偏转一定的角度,一旦车辆前溜,右前轮的前部便可与路边凸起的台阶相互抵紧,以迫使车辆停止向前溜。

图5-73 上坡停车

图5-74 下坡停车

假如你经常需要在陡坡地段停车,那就应该随车带上三角木。三角木的使用,上坡停车时将三角木填充在车轮的后边,如图5-75所示;下坡停车时将三角木填充在车轮的前边,如图5-76所示。

图5-75 上坡停车时将三角木放在车轮后边

图5-76 下坡停车时将三角木放在车轮前边

第六章　紧急情况下的防御性驾驶

第一节 ● 突发险情的防御性驾驶

一、避开险情的策略

汽车行驶中，道路上的各种交通情况在瞬间发生变化，当我们遇到紧急情况的时候，应该遵循一定的原则及时化解险情。

1. 沉着冷静

行车中遇到紧急情况的时候，驾驶人必须做到头脑清醒、沉着应对。这样才能判断准确，反应迅速，采取措施果断。如果遇事惊慌，必然会手足忙乱，甚至错把"油门"（加速踏板）当"刹车"（制动踏板），酿成不应有的悲剧。

2. 先避人后避物

车辆行驶中遇到险情的时候，驾驶人要把人身安全放在第一位，采取紧急避让措施的时候，首先要避开道路上的人员，宁可车辆和财物受损，也要保全人的生命。

3. 先减速后转向

在车速较快可能与前方车辆发生碰撞的时候，驾驶人要先制动减速，后转向避让。

先制动减速，不仅可以减少碰撞的能量，还可以获取应急处置的时间。假如先采取转动转向盘的方法避让，处于高速行驶状态下的汽车很容易操纵失控，甚至出现翻车的危险后果。

紧急情况的处置原则是确定的，道路交通情况是不确定的，坚持原则才能以不变应万变，将事故损失降低到最低的程度，力求化险为夷。

二、汽车火灾的扑救

1. 发动机舱自燃的应急处置

如果发现发动机舱着火，驾驶人要立即关闭点火开关，车上配置有电源总开关的还应该同时断开电源总开关,切断电源可以防止因电路短路而形成新的火源。

在掀开发动机舱盖(又称发动机罩或引擎盖)之前,要事先准备好灭火器,因为打开发动机舱盖之后,空气流通,火势将会更加猛烈。

在掀开发动机舱盖的时候,身体不要距车身太近,以免火苗突然窜出烧伤皮肤和面部。掀开发动机舱盖之后,要尽快用灭火器灭除火焰。

2.客车车厢内发生火灾的临危处置

客车车厢内着火,驾驶人要立刻打开车门,让乘客尽快下车,假如来不及从车门下车,可以砸碎车窗玻璃从车窗跳出。

如图6-1所示,大型客车内一般配备有救生锤,救生锤的端部为圆锥状的尖端,在用锤敲击车窗玻璃的时候,尖端可以对玻璃产生较大的压强。汽车的车窗通常为钢化玻璃,当玻璃受到敲击的时候会产生许多蜘蛛网状裂纹,此时只要再轻轻地用锤子敲击几下就能够将玻璃碎片清除掉。

钢化玻璃的四角和边缘受到冲击力的时候容易开裂,因此,应该用救生锤敲击车窗玻璃的四角和边缘。

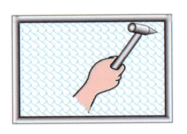

图6-1 用救生锤击打车窗玻璃

3.预防汽车火灾的注意事项

① 汽车发生火灾的时候,首先要注意人身安全,包括驾驶人、乘客和车辆周围其他人员的人身安全。

② 灭火的时候要注意切断汽车电路,并且要防止油箱爆炸。

③ 汽油引起的火灾,不可用扑打和浇水的方法灭火,只能用灭火器或者沙土、衣物等覆盖的方法来灭火。

④ 不要在灭火现场张嘴呼吸或高声呐喊,以免烟雾烧伤上呼吸道。

⑤ 灭火的时候,要脱去化纤面料的衣物,以免烧伤皮肤。

⑥ 使用灭火器灭火的时候,人要站在上风处,以便于借助风势将灭火器泡沫喷向火源。如图6-2所示,灭火器要

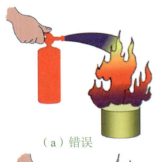

(a)错误

(b)正确

图6-2 灭火器要瞄向火源而不是火苗

瞄向火源而不是火苗。

三、爆胎不可急刹车

1. 前轮爆胎的临危处置

在车辆行驶的过程中，假如前轮突然爆胎，车辆会立刻向爆胎车轮一侧跑偏，直接影响驾驶人对转向盘的控制。

行车中因前轮爆胎使汽车偏离行驶方向的时候，驾驶人要双手紧握转向盘，尽力控制车辆直线行驶。假如由于前轮胎爆胎已经出现转向跑偏，驾驶人不要过度矫正，要在控制住方向的情况下，轻踩制动踏板，让车辆缓慢减速。若过度矫正，将加剧汽车跑偏，瞬间产生强大的离心力，从而导致汽车侧翻。

在前轮突然爆胎的情况下，假如使用制动过猛，很可能会导致两个不良后果。一是在紧急制动的时候，汽车栽头（车头下沉），进一步导致前轮负荷增大，有可能引发另一个前轮的爆胎。二是紧急制动会加剧行驶跑偏，如图6-3（a）所示，设右前轮爆胎，则右前轮的滚动阻力会增大，造成右前轮向右偏转，并通过转向传动机构带动左前轮同时向右偏转，车头将向右偏离行驶方向。如图6-3（b）所示，当踩下制动踏板的时候，爆裂的右前轮胎会在车轮（轮盘）上滑转，因而产生的制动力比较小，由于制动力左右不均，结果引起汽车在瞬间向左跑偏。

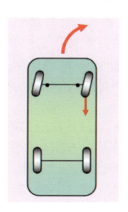 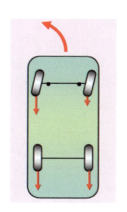

（a）爆胎后的右前轮滚动阻力增大，　　（b）右前轮产生的制动力最小，
　　　使前轮向右偏转　　　　　　　　　　　使整车向左跑偏

图6-3　前轮爆胎与跑偏

由于制动作用和轮胎爆胎导致行驶跑偏的方向相反，因此，轻踩制动踏板可以在一定程度上起到缓解车辆行驶跑偏的作用，如图6-4（a）所示。但

是，如果制动强度过大，则会过度矫正，导致汽车向另一侧跑偏，如图6-4（b）所示。

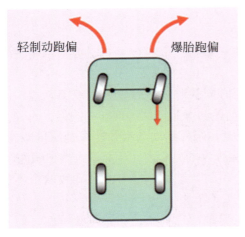
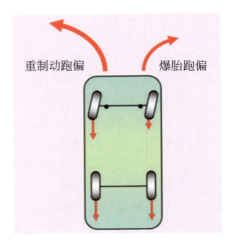

（a）轻踩制动踏板可起到适度矫正的作用，以缓解行驶跑偏　　（b）重踩制动踏板则会过度矫正，造成汽车向左跑偏

图6-4　前轮爆胎与跑偏

2.后轮爆胎的临危处置

后轮爆胎与前轮爆胎产生的后果有所不同。前轮爆胎直接导致车轮偏转，瞬间造成车辆行驶跑偏，而且需要较大的操纵力才能矫正这种跑偏。由于后轮不是转向轮，后轮爆胎的时候不至于直接使前轮偏转。但是，当后轮爆胎的时候，车身后部支撑不稳，车尾会摇摆不定，造成行驶摆头，也会间接导致汽车的行驶跑偏。

如图6-5所示，设汽车右后轮爆胎，此时右后轮的滚动阻力将增大，导致汽车具有向右跑偏的趋势。假如此时再迅速向左猛打方向，必然会产生强大的向右的离心力；因为右后轮爆胎，本来车身就已经向右倾斜，再加上离心力的作用，很容易造成车身向右倾覆。

正确的做法是，当汽车后轮胎爆胎的时候，驾驶人要双手紧握转向盘，控制车辆保持直线行驶，然后减速停车。

在减速的过程中，可以间断地轻踩制动踏板，一方面可以缩短停车时间；另一方面利用制动的栽头作用，使后轮负荷减轻，以缓解后轮爆胎的不良后果。

（a）右后轮爆胎使其滚动阻力增大，车辆具有向右跑偏的趋势　　（b）右后轮爆胎车身右倾，向左猛打方向产生向右的离心力

图6-5 后轮爆胎与跑偏

后轮爆胎的时候，后桥两侧产生的制动力大小不等，制动过猛会加剧行驶跑偏。假如踩下制动踏板车辆跑偏进一步加重，应该立即放松制动踏板，再次踩下制动踏板的时候，要减轻踩踏力。

后轮爆胎的时候，车身摇摆，并且伴随着一定程度的行驶跑偏，此时要握稳转向盘，不可大幅度或者频繁地修正方向，以免汽车倾覆。

3.预防轮胎爆胎

（1）养成良好的驾驶习惯

① 起步不要过猛。尤其是轿车，起步过猛时，驱动轮会相对地面滑转，加速轮胎的磨损。

② 尽量避免紧急制动。紧急制动不仅会加剧轮胎的磨损，而且容易引起轮胎脱胶和爆胎。

③ 合理控制车速。车速越快，汽车行驶时轮胎受到的冲击力越大，轮胎的使用寿命越短。

④ 控制轮胎温度。在高温气候或者汽车长时间连续行驶时，要注意检查轮胎的温度。当发现轮胎温度过高时，应该暂时停车休息，待轮胎自然降温后，再继续行驶。

（2）不要让轮胎超载　轮胎超载的原因很多，首先是装载重量超过规定的标准；其次是装载重量分配不均，如偏左、偏右或偏前、偏后；当后轮为并装双轮胎时，其中一个轮胎磨损过甚或充气压力过低，也会造成另一个轮胎过载。

（3）注意轮胎的日常维护

① 经常注意轮胎气压，轮胎气压降低时，要及时充气，充气压力不可过高。

② 检查轮胎花纹的沟槽中是否嵌入石子、铁钉、玻璃碎片等异物，及时清除这些异物，可以减少轮胎的机械损伤。

（4）注意轮胎的老化及磨损程度　由于实际承载量、道路平整度、行驶速度、使用制动的次数、轮胎制造质量等，对每一辆汽车都是不同的。所以，仅仅用行驶里程或者使用年限确定轮胎的使用寿命是不科学的。

从轮胎的老化程度来讲，露天存放的汽车轮胎老化得更快一些。有些车辆，可能一年下来行驶里程非常有限，数年过去了，轮胎花纹还很少磨损。对于这种情况，应该注意轮胎是否老化，观察轮胎表面的橡胶是否有裂纹。如果轮胎表面的橡胶有大量明显的裂纹，表明轮胎已经老化，最好是更换新轮胎。

关于轮胎的磨损程度，如图6-6所示，根据我国技术标准的规定，轿车用的子午线轮胎花纹磨损极限为1.6毫米，货车、客车用的子午线轮胎花纹磨损极限为2.0毫米。当轮胎花纹达到磨损极限时，轮胎的抗滑能力下降，而且轮胎容易爆胎，应该更换新品轮胎。

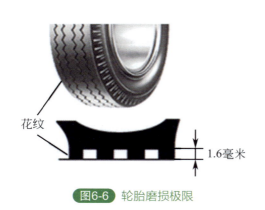

图6-6　轮胎磨损极限

四、汽车落水的逃生

在汽车不幸坠入水中的时候，驾驶人要保持头脑清醒，根据实际情况谋求逃生的对策。

汽车落水之后，水浸入车内需要一定的时间，整个车身不会立刻沉入水底，如果是轿车，往往车头比较重，因此，总是车头先向下沉。

在汽车刚刚落水的时候，要抓紧时间，尽快逃生。如图6-7所示，在汽车车身下沉，车内水位低于车门的1/3时，车门内外水的压力差不大，汽车电路还没有失效，此时要迅速打开电子中控门锁和车窗玻璃，推开车门，解下安全带，逃出车外。

图6-7 车内水位不足车门的1/3

假如错过了最佳逃生机会，随着时间的推移，汽车逐渐下沉，如图6-8所示，当车内水位在车门的1/3～2/3之间时，车门内外的压力差逐渐增大，推开车门所需要的力量也越来越大。假如实在推不开车门，要迅速解开安全带，从车门窗逃出。

图6-8 车内水位在车门的1/3～2/3

如图6-9所示，当车内外水位超过车门的2/3时，车门内外存在强大的压力差，仅仅凭人力已经无法推开车门，只能从车窗逃出车外。假如车窗玻璃事先没有降下，可以设法砸碎车窗玻璃。击打的部位，应该是玻璃的四角和边缘。

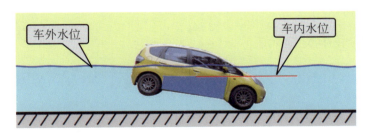

图6-9 车内水位达到车门的2/3以上

为了预防万一，平时可以在驾驶室旁边放置一把手锤或钳子等金属器具，以便在汽车落水的时候砸碎车窗玻璃。也可以使用腰间的皮带来砸碎车窗玻璃，有些皮带的金属锁扣比较重，在汽车落水的危急时刻，抽出腰间的皮带，用一只手抓住腰带的另一端，奋力将皮带锁扣甩向车窗玻璃，连续击打，也能砸碎车窗玻璃，如图6-10所示。

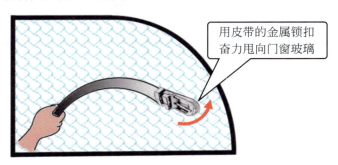

图6-10　用皮带的金属锁扣击碎车窗玻璃

　　假如没有合适的器具击打车窗玻璃，或者无法砸碎车窗玻璃，在以后的时间内，车内的水位还会继续上升，随着汽车下沉，车内外水位差逐渐减小，压力差也随之减小。此时，车厢内的氧气可供驾驶人和乘客维持几分钟的呼吸，要首先让头部保持在水面之上，然后用力推开车门，同时深吸一口气，及时浮出水面。

　　由于车头重于车尾，当汽车的前排座椅被水淹没时，后排座椅处的水位还比较浅，前排座椅的人员要迅速向后排座椅转移，用力推开后排座椅处的车门，或者砸碎后排座椅处的门窗玻璃逃出车外。

　　当车内水位已经漫过胸部之后，不可惊慌，以免在慌乱之中呛水。可以深吸一口气，用尽全力推开车门逃生。

　　假如你驾驶的是两厢式的轿车，能够设法从车内打开后门，也是一种寻求生路的方法。

五、行驶中突发地震

　　在强烈的地震到来的时候，通信中断，道路受阻，行驶中的车辆驾驶人应该如何处置呢？

1.迅速离开桥涵

　　假如地震到来的时候车辆还在桥梁、隧道、堤坝上行驶，或者是在高层楼群之间行驶，应该加速通过这些地带。

2.寻找空旷的地方停车

　　地震发生的时候不要躲在车内，不要将车开往地下停车场。

地震到来的时候，行驶中的汽车要立即开启危险报警闪光灯，将车开到开阔的场地。一时找不到宽阔的场地，可以随即将车开到路边停放。停车地点要避开高楼、电线杆、大型广告牌等高大的建筑物。

3. 不要滞留在车内

停车后要赶紧下车，往没有高大建筑物的地方、人群集中的地方奔跑，人群集中的地方往往也是震后救援集中的地方。

如图6-11所示，假如下车后强震已经开始，来不及寻找合适的地方避险，可以在两车之间的位置蹲下或者就势卧倒，利用两车之间的空隙做掩体，可以防止上方坠落物对人体的伤害。

图6-11 利用车身做掩体

六、路遇"碰瓷"的周旋

有些人为了发交通事故之财，有预谋地在道路上制造交通事故，然后向对方谋取钱财，这种情况被人们称为"碰瓷"。

"碰瓷"大致分为两种情况。一种情况是利用车来"碰瓷"，作案团伙利用报废的名牌高档轿车翻新之后充当作案工具，采用紧急制动、急打方向等方法，故意制造车辆追尾或剐蹭事故，然后向他人索要大笔赔偿。作案团伙多把目标对准粘贴有"实习"标志的新手驾驶的车辆、外地车辆、只有一人驾驶的车辆。此类案件多发生于比较偏僻的路段和夜间照明不良的路段。另一种情况是利用人来"碰瓷"，作案团伙采取苦肉计，在汽车行经非机动车道、人行横道、交叉路口且车速比较低时，突然有人冲到汽车的前方被撞伤，立刻有围观的人员借机向驾驶人敲诈钱财。

防御性驾驶全攻略

以上两种情况，无论是撞车事故还是撞人事故，都有一个共同的特点，事故发生之后，驾驶人马上就处于被围攻的态势，而且驾驶人是事故的唯一责任人。对付用车"碰瓷"的情况，如果你感到对方是有意制造碰撞事故，而且对方车上有多个年轻力壮的随从人员，自己势单力薄不安全，那就应该锁闭车门，同时使用电话向交警部门报警。对付用人"碰瓷"的情况，如果发现当时对方的人较多，明显是串通一气的，自己行车又没有违反通行规则，就要立刻报警，不能因图省事而上当受骗，不要让"碰瓷"人的阴谋得逞。

扮演"碰瓷"的"受害人"以被撞为借口诈骗钱财，但是，又害怕与高速行驶的车辆"碰瓷"会有性命之忧，因此，"碰瓷"的时候总是选择在车速不快的情况下，主动与来车相撞。所以，如果你当时的车速并不快，或者你感觉到对方是有意寻机与你的车相撞的，遇上这样的交通事故，很可能就是被"碰瓷"了。

"碰瓷"的人以敲诈钱财为目的，"碰瓷"之后希望尽快获利了结。因此，如果你认为眼前的交通事故明显是对方有意制造的"碰瓷"闹剧，那就应该沉住气，按照正规程序来解决碰撞事故。

要注意保护交通事故现场，在下车之前就应该向交警部门报案，如果交通事故的损失较大，还应该同时通知保险公司出现场，以便由保险公司理赔。

可以考虑在车上加装行车记录仪，行车记录仪是专门为汽车设置的一种摄像机，它可以通过视频和音频的方式记录车内或车外的情况，为汽车盗抢、"碰瓷"提供有力的证据，有利于解决交通纠纷、交通暴力、交通事故、汽车保险理赔等问题。

在交警没有到达事故现场之前，不要过多地单独与对方交涉，更不要与对方争吵，要耐心地等待交警的到来。

如果"碰瓷"的是行人或者骑车人，明知对方是故意"碰瓷"，也要以关切的态度询问对方的伤势，征求对方的意见，是否需要去医院检查身体，这是一种试探。

假如对方是无辜被撞的，大多同意去医院检查身体。

假如对方被撞是故意实施的苦肉计，可能不会轻易答应去医院检查治疗，因为他的目的是尽快从你手中拿到钱，而不是去医院。

一些惨无人道的职业"碰瓷"团伙，为了骗取大额赔偿，故意残害童工，让带着骨折伤残的童工，一次又一次地在马路上为他们充当"碰瓷"者。

遇到这种职业"碰瓷"团伙，送被撞人去医院检查，成为他们事先设下的一个圈套。对于这种情况，只能寻求报警，让公安机关来打击这种诈骗团伙。

"碰瓷"的事故现场可能会出现交通阻塞，这是交警最不希望看到的场面。然而，这对于你来讲，并不一定就是坏事。交通阻塞只会让交警和"碰瓷"的人增加几分焦躁。

在交警到达事故现场时，你可以向交警暗示可能遇到了"碰瓷"的，以便争取交警的同情。接下来，交警会让事故双方当事人陈述事故经过，这期间"碰瓷"人可能更多的是强求被撞的伤害赔偿。

你可以答应带对方去医院检查，但不要答应赔偿对方现金，责任可以承担，赔偿由保险公司负责。

现在，"碰瓷"的人可以有两种选择。一是去医院检查治疗，费用由保险公司承担，这会耽误"碰瓷"人继续寻机"碰瓷"，而且本次"碰瓷"也难得到好处。闹剧到此结束，这当然是你和交警希望的结果。二是双方去交警队解决问题，这要耽误"碰瓷"人更多的时间。即便是去交警队，调解的结果有可能是"碰瓷"人回家观察，如果有事再与你联系。如果对方真是"碰瓷"的，只能是到此罢休。

如果确实是自己不慎开车撞倒了行人、骑车人，出于人道，要诚恳地让对方检查治疗。但是，事故的处理还是要经过交警部门和保险公司。

七、行车途中防盗抢

驾驶车辆在外地行驶，特别是女士单独驾车外出，要提防车辆和财物被盗抢。

在偏僻的路段，以及在交通拥堵、车辆行驶速度较低的路段，往往是犯罪嫌疑人盗抢机动车案件的多发路段，驾驶人要倍加小心。

1. 敲车门行盗

在驾驶车辆缓慢行驶中，作案人利用拍打车辆门窗的方法，引诱驾驶人下车，其同伙趁机盗取车内的财物。

盗窃团伙的作案目标往往是悬挂外地号牌的汽车。作案团伙分工明确，有转移驾驶人注意力的，有专门实施盗窃的，有负责赃物传送转移的。

在车辆低速行驶或者时走时停的情况下，假如有陌生人拍打车门或示意你的汽车发生故障时，不要急着下车观看，以免上当受骗。驾驶人要先观察周围情况，将车开出一段距离之后，再谨慎下车观看，如果没有发现车辆的异常情况，要赶快离开此地段。

2. 拉车门行盗

当驾驶人独自驾驶车辆，在车速缓慢、等红灯、找车位停车的时候，突然有人拉开驾驶人所在的左侧车门，将驾驶人的视线引向左方，此时另外一个人迅速拉开汽车右侧的车门，盗取驾驶室内的财物。

犯罪嫌疑人在作案时，多把目标瞄准在单独驾车的女性。

为了防止这种案件的发生，平时要养成进入驾驶室后立即锁闭车门的习惯，通风时不要将车窗玻璃完全降下。随身携带的手提包要放置在车内隐蔽的地方，如果放在副驾驶人座椅上，要锁好车门，关闭车窗。

交通安全不仅仅是预防交通事故，还应该包括随车的财物安全，提防随车财物被盗抢是值得汽车驾驶人注意的。

八、女士驾车防盗抢

单身女士开车外出，应该具有防范风险的逃生意识。

1. 注意细节

平时开车穿戴要朴实，大的消费可使用信用卡，不要随身携带大量现金，不要将手机放在车内明显的位置。

外出时不要食用陌生人馈赠的饮料和食品，防止歹徒利用麻醉剂实施抢劫。

2. 行车途中防盗抢

养成出车前检查车辆的习惯，以免行车途中因缺油、缺水而抛锚。

上车后要随手锁好车门，需要通风时可开启天窗，利用车门窗通风时，车门玻璃不要降下过多。

车辆行驶缓慢或等信号灯时，如果有人招手示意或拍打车门，不要立即开门下车。行驶在偏僻路段有人拦车，不可贸然停车，不可搭乘陌生人。

3. 停车地点防盗抢

尽可能把车停在路边的停车位或露天停车场，这些地点更安全一些。如果把车停在地下停车场，要选择距入口或出口较近的车位。离开车辆时，不要把贵重物品留在车内。

在收费的停车场停车，当你离开车辆时，要随手将停车票据带上。没有停车票据的汽车如果被歹徒盗取，在开出停车场时，会受到停车场管理人员的阻拦。

在地下停车场取车，打开车门时，眼睛不要只是盯着你的车门，要环视四周，注意观察有没有可疑之人向你靠近。发现可疑情况，不要打开车门，应该立刻折返，请求停车场的保安人员和你一同取车。

打开车门之后，上车动作要迅速。进入车内之后，要尽快锁上车门，待车辆起步之后才能打开车窗，不给歹徒可乘之机。

4.歹徒侵入车内的脱险

如果劫匪已经侵入车内，面对胁迫，女车主要沉着机智，设法脱险。

劫匪通常会强迫车主将车开到偏僻的地点实施抢劫。假如车辆行经市区道路，车主可在有交警执勤的路段故意违章，或者故意与公交车、车内乘员较多的车辆发生剐蹭、追尾事故，以便能取得交警和过往车辆的救援。假如车辆行驶到偏僻路段，或者是在深夜遇到车内劫匪胁迫，可以选择路边店铺旁的树木、建筑物、乘坐人员较多的车辆撞去，撞击部位要能使劫匪受到重伤。如果劫匪在前排座副驾驶人的位置，在撞击目标物之前，可迅速按下副驾驶座安全带的按钮，解除副驾驶座的安全带，以便使劫匪在撞击中受到重伤。在不得已采取这些方法逃生时，不要殃及其他无辜的人们。

第二节 • 操作失灵的防御性驾驶

一、制动突然失灵

汽车行驶中，下长坡连续长时间使用制动、制动踏板的推杆脱落或折断、液压制动的液压油严重泄漏、气压制动的气压管道松脱断裂或者管道内的积水在冬季结冰造成管道堵塞，都有可能导致制动突然失灵。

假如车辆行驶中遇到制动突然失灵的情况，要立即开启危险报警闪光灯，握紧转向盘，利用"抢挡"或驻车制动进行减速，以便尽快停车。如图6-12所示，遇到下坡路段制动突然失灵的危急情况，实在是迫不得已，可用前保险杠侧面撞击山坡、岩石、大树等障碍物，迫使车辆强制停车。

图6-12 利用路障强制停车

二、转向突然失控

液压动力转向系统、电控动力转向系统的助力装置工作失调或失效的时候，有可能造成汽车转向突然不灵。如图6-13所示，当转向系统的传动机构松脱或者折断，例如转向轴、万向节、转向节臂、拉杆、球头销等部位的松脱、断裂，会立即导致转向失控。

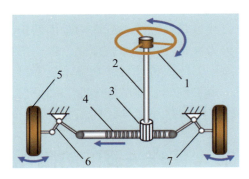

图6-13 转向系统组成

1—转向盘；2—转向轴；3—转向齿轮；4—转向齿条；
5—转向轮；6—转向节臂；7—球头销

在汽车行驶中，当出现转向盘不能准确控制汽车的行驶方向，或者完全失去对汽车行驶方向的控制时，要迅速开启危险报警闪光灯，同时放松加速踏板，踩下制动踏板，尽快停车。

当驾驶人发现转向突然不灵，但是还没有完全失灵，还可以勉强实施转向的时候，应该低速将车开到附近修理厂，排除故障之后再行驶。

在转向突然失控的时候，假如车辆和前方道路情况允许保持直线行驶的话，不可使用紧急制动。尤其是高速行驶的车辆，在转向失控的情况下使用紧急制动，很容易造成翻车。转向失控之后，如果车辆偏离直线行驶方向，要果断地连续踩踏、放松制动踏板，使车辆尽快减速停车。

除了机械原因造成的转向失控之外，还有一种情况是人为原因造成的转向失控。

2018年10月28日10时许，在重庆市万州区22公交车上，48岁的女乘客刘某因错过站点，要求在中途下车，公交车驾驶员冉某对刘某进行了解释：公交车不到站不能停车。刘某还是执意让冉某停车。在5分多钟的时间内，二人由攻击性语言升级到肢体接触。刘某两次手持手机击打冉某右侧的头部和肩部，冉某右手两次松开转向盘还击刘某。当时公交车以每小时51千米的速度行驶在重庆万州长江二桥上，在刘、冉二人互殴的过程中，公交车转向失控，越过道路中心双实线，将以每小时58千米对向驶来的红色轿车撞得原地掉头。撞过红色轿车之后，公交车从桥面冲向桥下40多米的江面，由江面坠入70多米深的江底。本次公交车坠江事故造成桥梁损毁、公交车报废、车上15名驾乘人员无一生还。事后人们纷纷声讨公交车上的女乘客刘某，然而，公交车驾驶员冉某也并非没有责任。

从防御性驾驶的角度考察，公交车驾驶员冉某与乘客刘某互殴的行为违反了防御性驾驶留有余地的原则。根据我国《道路交通安全法实施条例》第六十三条第六项的规定："城市公共汽车不得在站点以外的路段停车上下乘客。"冉某不接受刘某中途下车的无理要求是正当的。然而，冉某毕竟是42岁的职业驾驶员，应该牢记防御性驾驶的留有余地原则，应该具备职业驾驶员应有的心理素质。冉某遇到刘某这样暴躁的乘客，置自己和车上乘客的人身安全于不顾，从与刘某由争吵发展到互殴，完全背离了公交车驾驶员最基本的工作职责。

在技术层面上冉某存在过错。面对刘某的无理取闹，冉某应该沉着应对，而不应该冲动；遭遇刘某的击打，冉某应该握稳转向盘，迅速制动停车，而不应该因出手还击失去了对转向盘的控制。

针对重庆万州"10·28"城市公交车坠江事件，2018年11月9日，交通运输部发布通知，要求各地切实加强公交车驾驶员安全意识和应急处置能力的培训教育，明确规定各地新购置的公交车要配备安全防护隔离设施，利用隔离门将乘客与公交车驾驶员进行物理隔离，通知强调公交车驾驶员遇到紧急情况应靠边停车、及时报警。

重庆万州"10·28"城市公交车坠江事件，以生命为代价警示人们，公交运输公司和公交车驾驶员必须要有防御性驾驶的观念。

三、车灯突然熄灭

夜间行车假如汽车的前照灯突然熄灭，要迅速开启危险报警闪光灯，随即松开加速踏板，踩下制动踏板，让汽车尽快减速。但是要注意，在后面有尾随车辆的情况下，不可制动过猛，以免发生追尾事故。假如后面没有尾随的车辆，要控制好行车方向，防止汽车跑偏下路，同时要加大制动强度，使汽车尽快停车。

四、车辆将要侧翻

如图6-14所示，在视线不良或者狭窄的道路上行驶，由于会车、超车、倒车、躲避障碍等原因，使汽车驶出路肩造成车轮悬空，随时都有可能坠落或翻车。此时，驾驶人一定要保持头脑冷静，不要轻易改变自己在车内的位置，要分析车体的平衡状态，设法让车辆保持平衡，然后再谨慎处理险情。

图6-14 汽车将要侧翻

驾驶人和车内的乘员应该缓慢向车身悬空或者车轮悬空相反的一侧移动，防止因为车内人员的走动或者下车使车辆失去平衡。图6-14中，白色轿车后排左侧的乘员如果下车，就会加剧车辆倾覆的态势。

在车轮悬空的时候，车体会倾斜，油箱内的燃油可能会外溢，此时一定要注意防火，不要在现场吸烟。

当驾驶人感到车辆不可避免地要倾覆的时候，要紧紧抓住转向盘，两脚勾住踏板，使身体与车体固定为一体，让人体随车体翻转，以避免人体在车内的二次碰撞。车内乘客要迅速趴到座椅上，抓住车内的固定物，使身体夹在座椅中，避免身体在车内滚动而受伤。

翻车的时候，不要顺着翻车的方向跳出车外，而应该向车辆翻转的相反方向跳跃。落地的时候，双手应该抱头，顺势向惯性的方向滚动或者跑开一段距离，以避免遭受二次损伤。假如在车内有不可避免地要被抛出车外的感觉，要做好思想准备，在被抛出的瞬间，猛蹬双腿，增加向外抛出的力量，借势跳出车外。

五、躲避碰撞讲谋略

1.躲避车辆侧面相撞

当驾驶人预感到汽车将要发生侧面相撞的时候，要立即向撞击的相反方向转动转向盘，尽量使侧面相撞变成剐蹭，以减少损伤的程度。如图6-15所示，白车本来是要直行穿过前方的十字交叉路口，到达路口时，突然发现左侧有深灰色的商务车，右侧有红色的轿车，形成了左右夹击的危险态势，白车的左右两侧相当于人的两肋，属于强度低容易受伤害的部位，为了避免或减轻伤害，白车在抢占路口中心点之后，迅速向左转动转向盘，由直行变为左转，将深灰色商务车的侧面撞击，变为侧面剐蹭；同时将红色轿车的侧面撞击，变为侧面剐蹭，或者是首尾相撞，这样的接触比垂直的侧面撞击损害程度会大大减小。假如红车驾驶人及时采取了制动措施，还有可能避免与红车的接触。

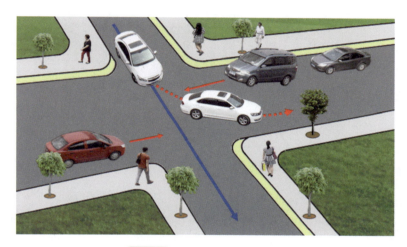

图6-15 白车躲过了两面夹击

如图6-16所示，假如侧面相撞的部位恰好是驾驶人座位的方位时，驾驶人要迅速向右转动转向盘进行躲避。

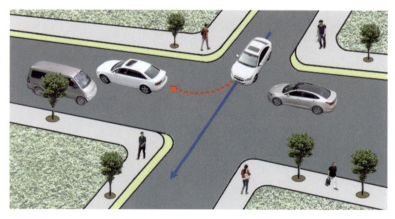

图6-16 白车躲过了致命撞击

2. 躲避车辆迎面相撞

如图6-17所示，行车中与其他车辆有迎面撞击的可能时，要先向右侧稍转转向盘，随即适量回转，并迅速踩下制动踏板。注意，避开迎面相撞的要领是先转向，随后制动。

图6-17　白车避开迎面相撞

当驾驶人预计与正面来车相撞无法避免的瞬间，要迅速判断与来车可能撞击的力量与方位，同时用手臂支撑转向盘，两腿向前蹬直，身体尽量向后倾斜，这样可以避免在撞击的瞬间头部与挡风玻璃相撞，造成伤亡事故。

当驾驶人判断撞击力量较大，或者撞击部位接近驾驶人座位时，要让身体迅速离开转向盘，同时将两腿抬起，以避免相撞时因发动机和转向盘的后移而造成的挤压伤害。

参 考 文 献

[1] Thomas Planek W, Stuart Schupack A, Richard Fowler C. An evaluation of the national safety council's defensive driving course in various states [J]. Accident Analysis & Prevention, 1974, 6（3-4）: 271-297.

[2] Adrian Lund K, Allan Williams F. A review of the literature evaluating the defensive driving course [J]. Accident Analysis & Prevention, 1985, 17(6): 449-460.

[3] Deffenbacher J L, Getting E R, Lynch R S. Development of a driving anger scale [J]. Psychological Reports, 1994, 74（1）: 83-91.

[4] 王新华, 李树军. 谈夜间防御性驾驶[J]. 中南汽车运输, 1997（1）: 27-28, 32.

[5] Stephen Morse J. Excusing and the New Excuse Defense: A legal and conceptual review[J]. Crime and justice, 1998, 23（1）: 329-406.

[6] Jerry Deffenbacher L, Rebekah Lynch S, Eugene Oetting R, Randall Swaim C. The driving anger expression inventory: a measure of how people express their anger on the road [J]. Behavior Research and Therapy, 2002, 40（6）: 717-737.

[7] Chris Dula S, Scott Geller E. Risky, aggressive, or emotional driving: Addressing the need for consistent communication in research [J]. Journal of Safety Research. 2003, 34（5）: 559-566.

[8] McKenna F P, Horswill M S, Alexander J L. Does anticipation training affect drivers' risk taking [J]. Journal of Experimental Psychology Applied, 2006（12）: 1-10.

[9] Steimetz, Seiji S C. Defensive driving and the external costs of accidents and travel delays [J]. Transportation Research Part B: Methodological, 2008, 42（9）: 703-724.

[10] 陈善同. 图解防御性驾车技巧[M]. 北京: 机械工业出版社, 2010.

[11] 裴光辉. 浅析防御性驾驶的作用[J]. 现代职业教育, 2015（24）: 144-145.

[12] 陈华. 驾驶员的最高境界是掌握防御性驾驶技术[J]. 汽车与安全，2016（11）：39-44.

[13] 牛清宁，周志强，于鹏程. 防御性驾驶理论与实践[M]. 北京：人民交通出版社，2017.

[14] 史强. 美国"路怒"问题司法化进路述评[J]. 河南警察学院学报. 2017（6）：36-43.

[15] 王建春. 谈汽车防御性驾驶与运用技巧[J]. 汽车世界，2017（8）：90-91.

[16] 南辰. 探索防御性驾驶的普及之道[J]. 汽车与安全，2017（4）：49.

[17] 尹晓波. 山区道路预防性安全驾驶浅析[J]. 科技风，2018（4）：226.